Na Tesnobi
战胜焦虑

如何做自己的心理医生

Damjana Bakarič

〔斯洛文尼亚〕达玛娜·巴卡里克　著

张瑾　译

上海三联书店

图书在版编目（CIP）数据

战胜焦虑：如何做自己的心理医生 ／（斯洛文）达玛娜·巴卡里克著；张瑾译. —上海：上海三联书店，2022.1
　　ISBN 978-7-5426-7555-2

Ⅰ. ①战… Ⅱ. ①达… ②张… Ⅲ. ①焦虑－心理调节－通俗读物 Ⅳ. ① B842.6-49

中国版本图书馆CIP数据核字（2021）第208858号

NA TESNOBI
Copyright © Damjana Bakarič, 2016.
The simplified Chinese translation rights arranged through Rightol Media.
© 2022 for this book in Simplified Chinese language
by Phoenix-Power Cultural Development Co., Ltd.
All rights reserved.

著作权合同登记号　图字：09-2021-0831号

战胜焦虑：如何做自己的心理医生

著　　者／〔斯洛文尼亚〕达玛娜·巴卡里克
译　　者／张　瑾
责任编辑／程　力
特约编辑／宗珊珊
装帧设计／鹏飞艺术
监　　制／姚　军
出版发行／上海三联书店
　　　　　（200030）中国上海市漕溪北路331号A座6楼
邮购电话／021-22895540
印　　刷／三河市延风印装有限公司
版　　次／2022年1月第1版
印　　次／2022年1月第1次印刷
开　　本／960×640　1/16
字　　数／136千字
印　　张／14.75

ISBN 978-7-5426-7555-2/B · 750
定　价：35.80元

英译本译者的话

读到达玛娜这本书的时机刚刚好。我当时的状态，用达玛娜的话来说就是"工作紧张、压力重重、遭受排挤、个人问题不受控制地接踵而至"，再加上其他一些原因终于导致了问题的爆发。结果很糟糕，极其糟糕。我并不打算讲述我自己的悲情故事来让你心烦，总之我的经历与达玛娜所经受的折磨在很大程度上十分相似，甚至可以说是完全一样。

所以在度过了数月生不如死的日子后，我想你绝对可以理解当我发现有人恰好写了一本就是在讲我经历过的（或者更确切地说那时依然在经历）的那种痛苦和折磨的书时，有多么不可思议。在我看来这本书……可以说是"好到令人难以置信"——我认为这是最恰当的评价了。

我最初是在网络上发现了她的书，几乎是在"新鲜出炉"时就买了下来，当时我瞬间就意识到我需要联系达玛娜，见到她，和她聊一聊，最重要的是立刻买下她的书，然后一口气读完。当然，我确实就是这么做的，而且我也鼓励你这么做。我在不到一年的时间内，将这本了不起的书翻译成英文，以此拓展它的"国

1

际事业"，供像你们这样了不起的人阅读，这样的事情我之前想都不敢想。不过，一切就这么发生了，一连串机缘巧合的事情促成了这本书的翻译。我真心希望你们能喜欢这本书——我已尽我所能。

这本书真正拥有治愈的能力，能做到这一点的书不多，因而显得十分珍贵。读了达玛娜的这本书，在我身上出现严重焦虑和惊恐的次数显著减少，再读一两遍之后，这些痛苦的经历几乎全都不再出现。很厉害，对吧？但最后，我请你不要相信我。我请你也鼓励自己去读一下，亲自去感受这本书的奇妙之处。一页接着一页、一章接着一章地读，你会发现你的焦虑和惊恐统统烟消云散。这是一本你随时都可以回过头来读的书，就像一位老朋友，在你寻求他帮助的那些特定时刻，能够完全理解你的所想所需，而且你一定会不断地重读它。哦，我的朋友，我相信你会的！

阅读提示：你所有最糟糕的恐惧和担心都不过只是一群（这里要@所有的哈利·波特迷）讨人厌的幻形怪：一种可以变形的存在物，喜欢潜行于黑暗之中，把可怜无助、毫无防备的精神脆弱者吓得魂飞魄散，但是要知道：只有你自己拥有认出它们的真面目，才会有能让它们在一缕青烟中消失不见的力量。你可以的！

蒂内·禾高，2017

作者的话

在我的国家斯洛文尼亚,《战胜焦虑》这本书获得了巨大的成功。此书一经问世便成为畅销书,仅仅四个月就已经重印了两次;预计马上又将迎来第三次重印。由此似乎可以看出,我们斯洛文尼亚人喜欢隐藏自己精神上的痛苦,习惯于默默忍受。

尽管如此,但当我每天不断地收到数不清的私人邮件和信件时,我依然深受鼓舞。信件那头是一直在默默忍受的人们;是感觉自己已经发疯,认为自己有很严重问题的人们;是长久以来都无法弄清楚自己真正病症的人们;是因终于意识到问题所在而感谢我的人们。

这本书改变了他们的人生。

我无法预料这本书在国外反响会如何,有可能会悄无声息地淹没在全世界范围内出版的数以百万计的书海之中,也有可能被随手丢进垃圾桶里。但是,它还是有可能改变某个人的人生,仅此一点就是值得出版的。而且就算最后只帮助到一个人,那么几位本书翻译工作中的关键人物所付出的努力也不会白费:既是译者也是朋友的蒂内·禾高,英文校对卡里姆·马姆杜——爽快答应且分文未收，以及不断鼓励我完成这项翻译工作的所有人。

蒂内，感谢你对我的信任。卡里姆，感谢你牺牲自己的宝贵时间来校对。

最后，你知道的——你永远不会知道未来会发生什么，除非你终于下定决心去尝试。

序　言

我的第一次惊恐发作是在 2009 年丢了工作之后。

那是在一家咖啡店，我与一个有可能成为我老板的人在那里见面，那个人说起话来滔滔不绝。他说得时间越长，我就越难跟上，最后一股疲惫感突然袭来，弄得我我只想起身离开。这种感觉越来越强烈，想逃离的意愿变得十分迫切。我不知道自己是怎么做到使对方毫无察觉的。

直到很久之后我才意识到当时到底发生了什么。但首先，请允许我解释一下为什么我那么想要写下这本书，而且还增添其他人的经历来加以充实：这些人——就像我，或者很可能也像你一样——曾备受焦虑和惊恐发作的折磨。

我想说的是，你并不是一个人在战斗。受到焦虑症和焦虑困扰的人要比我们想象中的多，这是我们一直在试图否认的一个事实，而这正是问题的关键所在。否认的结果是对我们所受到的困扰避而不谈、不敢承认，可是这样只会让问题变得更难以解决、更让人害怕。抱着一个坦然的态度反而容易得到解脱，我们可以先深呼吸，然后告诉自己："好吧，并不只是我，其他人也有这样的问题。没事，一切都会好起来的。"

也正因此，在过去两年里，我花费了很多时间去思索如何才能找到这些人，跟他们取得联系，并把他们的故事写到这本书中。我感到自己有责任告诉大家，我们不是真的有什么问题，我们并不只是个例，我们有能力帮助自己找回满足感和幸福感，我们不再需要逃离，不再需要与他人保持距离。我们不能再做自己想法和观念的奴隶，每个人都应去过丰富多彩的生活。

写这本书的时候，我在脸书（Facebook）上发布了帖子，声明我正在寻找经受焦虑困扰的人，发帖后不久，很多经历过焦虑和惊恐发作的人联系到我，他们每个人都有自己与这种坏情绪的抗争故事。了解到有这么多同我一样的人，有这么多人在默默地忍受，我感到很意外。更让我吃惊的是，居然有那么多我认识的熟人，在以前，我怎么也不会将他们和焦虑联系起来。我为所有这些联系我的人的勇气而感动，他们似乎是在寻找自己一直以来被剥夺的东西——理解和同情。尽管在脸书上我只和他们当中的一部分人交流过，但我依然能感受到他们强烈的表达欲望，感受到他们的痛苦或战胜焦虑后的喜悦。我们拥有共同之处，这是我能得到回应的原因，我们彼此间不必交流也能相互理解。

我出现焦虑和惊恐发作比较久，甚至很久了。到现在我还懊悔自己没能早点意识到如何对抗它们。我的第一反应——通常都是如此——是逃避问题，这其实是我所犯下的最大的错误。当你对焦虑采取逃避态度时，其实是在助长它的气焰，它会持续更长时间，会变得更强大、更有力量。

由于工作紧张、压力重重、遭受排挤、个人问题不受控制地

6

接踵而至，再加上我认清了一个令人难以承受的事实——没有人可以听我倾诉，我决定开始参加互助小组。做出这个决定听上去很简单，然而我却用了十年的时间。

我的"公开"就是需要这么长的时间。在做这个决定之前，我已经有大概一年的时间没有焦虑过，也没有再惊恐发作，但是在我丢了第二份工作的时候，恐惧感又回来了。它来得突然，毫无征兆，完全无法避免。这就是我加入前面所说的互助小组的原因，几乎同一时间出于同样的原因，我决定开始写一本书。其实这个想法我两年前就有了，只是当时始终缺乏将其付诸实践的勇气。

你要问我为什么不得不承受这一切？好吧。是因为我想要一种归属感。因为我特别想成为一个完整体系中的一员，被划分为三六九等，做着甚至不知为何的毫无意义的努力。尽管我从来都跟别人不一样，也从来没在集体当中感到自在过。然而就算是如此，我依然随时准备毫无保留地羞辱和摧毁自己，否认自己的所有特质——最终只是为了尽可能地取悦别人，被别人接纳。但是这样其实大错特错，很多人还在犯这样的错误。因为生命中要放在第一位的必须是我们自己。只有这样我们才能得到满足，只有这样我们才能使他人开心。

写到这里，有一点我需要说明：虽然我从来都不知道怎样为自己出头，但是我从来都没有觉得维护他人或者诸如正直、诚实、平等之类的价值观有多难。在那些时刻，我总是敢于说出自己的想法。

自相矛盾？我并不这么认为，这是我的两面而已，也可以说是一直争论不休的两个声音。因为在内心深处，我经常在两个"达玛娜"之间做斗争。其中一个我温顺、谦虚、自卑，而另一个我却勇敢到几乎是个英雄，时刻准备为正义而战。一面胆小如鼠、生性多疑，另一面则无所畏惧，在工作和人际深不可测的丛林中披荆斩棘。然而，我的两面却又有其共同之处——都不懂得欣赏自己。

别人对我的印象多半错得离谱。他们大多只看到了我的能量和勇气，却从未发现常常将自己隐藏起来的另一个达玛娜；这并不是因为我想做一个虚伪的人，我只是深知自己的那些恐惧，因而无论如何都想将其掩藏起来，甚至连我自己都尽量选择视而不见。

目　录

一张焦虑的网

十五年以来，作为一名记者，我没怕过任何话题或者任何人。对我的采访对象提出使其为难的问题或话题时，我从不犹豫，不管他是谁。我从来都没有害怕过，我强大无畏，但不自以为是；在内心深处，我不停地问自己是否做得足够好。尽管如此，这从来都没有作为一个自限性的问题而显现出来。

回顾过去，我发现自己的强势和攻击性不过是一种伪装，一种过度防御。我怀疑自己将话筒递交给别人，是否认自身的恐惧和偶尔的自信全无的策略之一。我从不明目张胆地这么做，而是以一种需要得到答案的不屈不挠的方式去实施。

我是谁？这是我吗？这绝对是自认为正直的一部分我，这部分的我无时无刻不在寻找客观的事实，而我最本质的部分依然隐藏了很久——甚至连我自己都没发现。这样长期隐藏的结果就是最终的爆发——在一个寻常的商务会面中，我不得不逃到外面透气，远离我的商务伙伴和其他所有生物。

每当遭遇焦虑的时候，我的生活都是正处于摇摆不定的状态中。焦虑出现的形式是每隔一段时间就会出现一连串的惊恐发作。

我和我女儿的父亲分手的同时，也辞去了一份令人满意的工作。

就像前面所提到的，我的第一次惊恐发作是在一次求职面试的过程中，在之后大约一年的时间里，我甚至都不知道到底发生了什么。直到后来，我的全科医生才为我确诊，他说："达玛娜，你这是惊恐发作。"

什么？惊恐发作是个什么东西？我惊恐发作？这不就是那种发作时会跑来跑去，像个疯子一样的病吗？

这是我第一次以这种方式听说惊恐发作，当我开始仔细浏览网络论坛，以便了解自己的问题时，我发现了一直以来也在困扰我的那些症状。这太可怕了，我不想承认我有焦虑问题。我，如此强大的那个我？我，所有人眼中的战士，永不言弃、永不屈服、无比强大、绝不轻易让步的那个我？我，总能为任何事情、任何人的问题想出解决办法的那个我？

然而，我在生活中所遭遇的一切都在召唤焦虑——其实是我的生活需要焦虑的出现。当然，我也是后来才明白这一点的。焦虑的出现是为了提醒我一个事实：我对待很多问题的方法是错的，我对自己太严格、太无情、太苛刻、太严肃，基本都不怎么关心自己。是的，的确如此。我喜欢这句话，因为它描述了事实。我不够爱自己，这才是关键。

第一次逃离

那时我已经待业很长时间了。我自愿辞去工作是因为当时的生活状况逼得我不得不这么做——然而，失业的状态又令我感到迷失、易怒、紧张和不得志。

在成为一位母亲之前，我一直沉迷于工作，因为我热爱它；大多数时候，我甚至都不把它当作工作，而是当成一种乐趣，就像一项业余活动一样。我曾经同时做过三份工作。我给几家杂志供稿，在电视台工作，有时也做电台。但是后来我意识到，我做这一切其实都是在逃避自我，逃避自己的问题和对生活的不满。

在遇到我女儿的父亲后，我的生活发生了翻天覆地的变化。我爱上了他，并在不久之后怀上了孩子。那时我经历的所有事情，包括这些事情发生的速度之快，都与正常的达玛娜大相径庭，正常的我考虑事情都要十遍以上。

孩子出生后我便陷入了痛苦之中。孤单无助的我，似乎没有人能够理解。除此之外，我没有可以信任的人。所有事情都由我独自承担。除了孩子，还有很多其他事情需要我去面对。我和伴侣之间的隔阂与日俱增，我们之间的鸿沟开始变得似乎不可逾越。我们确实是来自不同世界的人，然而我依旧试图竭尽所能去挽回。我常常不断地在每件事上责怪自己：我太愚蠢了，做决定太草率了，我为所有这一切付出代价的时候到了。这些愧疚感都积聚在心头，让人难以承受。

不久之后我和伴侣便彻底分手了；我独自一人抚养孩子，这在当时的情况下确实更方便，从长远来看无疑也更好，但是对于我来说依然十分艰难。那段时间在我身边支持我的朋友一直反复提醒我，认为我把自己逼得太紧了，但是我没听他的。

"给自己放个假，梳理一下最近发生的事情。你需要放松，不然你会崩溃的。"坦白地说，我当时怎么也想不通他在说什么。我会崩溃？怎么会？我能因为什么崩溃？不可能的事。绝对不会是我。这种事情只会发生在穷人和病人身上。我没意识到摆在我眼前的是这样一个现实：恋情走到尽头，家庭破裂，失业，而且这三件事情同时发生。同伴侣分手后，我把工作也辞了；我当时很疲惫，所以并不想在这上面耗费太多心力，最重要的是，我们当时供职于同一家公司。我不想在这件事上再去争取什么，至少那时候不想。

几个月后，我开始寻找新的工作。我当时对自己说："达玛娜，你能搞定一切。过去可以，今后也一定可以。"

在日常生活中，我从未对任何事情有过戏剧性的、噩梦般的感受，也从来没觉得害怕，然而潜意识有它自己的方式。尽管当时对它的意义和力量有足够的了解，但我始终还是在逃避。当然——我已经习惯了紧张、不安和神经过敏的状态。

只有在压力之下我才能正常生活，这很有可能是我那么固执地从事新闻业的原因之一。新闻工作不仅令我充满活力，还与我平等、对等和正直的价值观完美匹配，我认为自己无所不能。可实际上，我也有无力、柔软和脆弱的时候，只是一直都没有意识到，更不用说表现出来了，这是多么不正确和不真诚。

记得我每周都会有几场求职面试，而那次是在一家购物中心。像往常一样，一切都再正常不过。与我见面的那个人也很普通——很无聊，不过也没什么不正常的地方。确实，他不给我说话的机会，但在此之前，不管有多无聊，我都能倾听别人说话。像自己的能量被别人偷走，或者对方特别招人讨厌这样的感觉我从来没有过。一直以来，不管是谁我都能包容，甚至我还乐意尽自己所能为他们提供帮助。毫不夸张地说，我基本上时刻准备着奉献自己，而且从没觉得这有多难。

当他正设想着我所要承担的工作以及我可以为公司做出的贡献时，我开始颤抖，没有任何预兆。一时间我汗如雨下，还不停地打冷战。我开始神经紧张、坐立不安，一度以为自己下一秒就要晕倒，周围的世界都在发生着变化。在这种突如其来的"莫名其妙感"和一种未知的迷失感中夹杂着恐惧和惊讶，我对于正在发生在自己身上的事情一无所知。由于之前从未有过这样的经历，所以我不知道该如何去感受或者思考我现在的处境。你能想象吗？原本在一家咖啡店的椅子上坐得好好的，突然却遭遇了前所未有的状况，太恐怖了。

一瞬间我神志不清，忘了自己是谁。一切事物都有了新的维度，而我不知道摆在自己面前的会是什么，对死亡的恐惧感开始袭来。"只是头晕而已，低血压。"我这样想来让自己冷静下来，同时我还继续倾听着对方。然而，有一个声音在说我错了。之前我也有过反胃和低血压的时候，但从来没有过现在这样的感觉。

我开始意识到听不到商务伙伴在说什么了，实在是跟不上了。虽然这个人和我之间的距离从没超过半米，但是他的声音和面孔却已经越来越远。

突然之间，我感到极度疲惫，他的话几乎使我痛不欲生。我越来越没有力气继续听他讲话。购物中心人群的嘈杂声以及其他各种声音，无一例外都让我感到特别压抑和厌烦。我只想就这么消失，躲起来，回到床上，蒙上被子，睡上很久很久。"让我一个人静静，"我当时想，"放我走，我需要离开。"我在内心呐喊着。可我却始终没有挪动一步。因为我不能就这么起身说再见，人家会以为我这个人太无礼，太粗鲁。又一次，我把别人看得比自己更重要，尽管这意味着我要继续受到折磨。这就是我现在对当时的看法，因为我终于意识到到底发生了什么。

这次的惊恐发作就这样一直无法结束，这个世界的所有象征符号都失去了它们的意义。这张桌子已经不再是张桌子，我对它的认知已经完全不同于往日。直到最后，我终于忍不住了。

"失陪，"我打断他，"我真的需要去一下洗手间了。"我压根没等他回应，便径直跑掉了。一月里，我跑到了寒冷的外面大口呼吸着冷空气。我需要呼吸，平静。其他任何东西，任何人都不需要。从这天起，我人生的噩梦便开始了。

当然，我没得到那份工作。我回到店里坐下来，接着听那个人说，我已经不在意任何人和任何事。我盼着这场会面赶紧结束。回到家的时候，我身心俱疲、惊魂未定，然而我再一次地将这次的遭遇归咎为之前的反胃、求职带来的压力以及低血压等原因。

否认现实。我得撑下去，我需要工作——这就是一天下来得出的结论。我只是需要睡眠和休息，一觉醒来一切都会回到正轨。

安　娜：
"焦虑症把我的生活搅得天翻地覆"

　　我们是在一个周六下午见的面，那是温暖而又晴朗的九月的一天。我不知道她长什么样子，但知道她会在我们约好的一家酒吧里等我，当时我的目光不自觉地就被她吸引住了。我立马就猜到是她，便坐到了她那桌。她身材高挑，眼神温暖而友善，有力的握手表明她待人亲切，同时看上去自信又强大，我当下就喜欢上了她。

　　还没聊几句我就意识到，尽管我们年龄上有差距，但却有着共同语言。安娜二十三岁，最近两年一直在对抗焦虑症。不得不承认的是，由于她看上去是一副年纪轻轻、涉世未深的样子，我低估了她。本来我以为我们之间没有太多可以谈的，然而到最后，这次的谈话却成了一次灵魂的滋养。而且——是的，第一眼见到安娜我怎么也不会想到她会有惊恐发作和周期性妨碍性焦虑的困扰。

　　"一切要从两年前我男朋友和我一起搬进我们自己的公寓时说起。那时我没工作，也没在上学，日子过得平淡乏味；不知怎么的，我变成了一个主妇，一点都不像之前那个爱社交、性格活泼的我。我急切地想找份工作，也努力想完成中学的学业。不管我多么用功，最后成绩与分数线多么接近，毕业考试考了三次也依然没通过。我的数学很差，由于有计算障碍，这科我总是不及格。

"我雄心勃勃地想去国外学习，因为我相信自己有很大的潜力。然而纵使我离实现梦想已经很接近了，但却因为无法通过高中毕业考试而不能继续深造——不管是在斯洛文尼亚，还是去国外。对于我而言，这让人十分沮丧，而我这样在原地打转、停滞不前的状态已经有很长时间了。我很抑郁、无精打采，最要命的是，我总是花大把的时间去胡思乱想。"

最开始，考虑到在自己的公寓里会感觉好一些，因为可以想怎么样就怎么样，所以她笃定躲避着外面的人和事是为自己好。真要出门的话，她需要耗费很大的心力。

"我的第一次惊恐发作是在一家本地的商店。我记得是在收银台那里——就那样发生了，毫无征兆。我当时担心自己会晕倒，担心如果不马上走开的话，自己会死掉。"

之后她便说服自己，对于她而言，外面的世界已经变得不再安全。每一次糟糕的经历——一次又一次，接连不断——都在加重她的焦虑，最终甚至发展到整整一周她只出一次门，而也正是这次出门，她才得以和家人在周日共进午餐。"之后我就一直穿着睡衣在家里踱步，这样至少能呼吸到一些新鲜空气。"

用她自己的话来说，焦虑把生活搅得天翻地覆。"大部分时间焦虑症都存在，而且强度每天不同。可能这一天过得糟糕，也可能这一周过得糟糕，也有可能这一个月都过得糟糕。状态好的时候，我会尽力积蓄能量以应对状态不好的时候，也正是这个时候，我会争取和朋友以及家人相处。每天我都在生活的各个方面中寻求一个合适的平衡点，比如我会在让自己有安全感的地方和朋友、商务伙伴见面。我不会去小商店，不会去开车，会避开人群。"

由于焦虑以及在每一场面试中落荒而逃这一事实，她一度找不到工作。有一次在面试的前一晚，她彻夜难眠，焦虑到一夜惊恐发作了四次。她害怕去咖啡店、商店，害怕坐公交、飞机或者自己开车，害怕街上的人。"我感觉这种恐惧感彻底改变了我的大脑——往坏的方面。尽管束手无策，我依然希望有一天这种情况能得到改善；与此同时，我所经历的一切导致我患上了严重的抑郁症。"

我们俩的这次见面其实也给她带来了麻烦。"见面之前我不知怎么紧张了起来。"她承认。我自己也感到这对于她而言实属不易；还在家没出门的时候，我甚至都想她可能会在最后一刻取消这次见面，但最后她没有这么做。

在我请安娜回顾过去，尝试找到引发焦虑症的原因时，她首先想到的是她的母亲。她说对她母亲而言，她永远都做得不够好，她母亲常常羞辱她、冲她大喊大叫。相反，她一直都很喜欢她父亲。"就算是现在，我也还在不断地试图缓解我和母亲之间的冲突；我费尽心力想让她看到我比她认为的要优秀得多，可我就是做不到。"她接着说，"也许来自我母亲的所有不可理喻的行为都会返回来缠绕着我。她的羞辱，她的轻视，她的喊叫，她的紧张——所有这些都源于她自己的不幸福。让人难以接受的是，我爱我的家人，但我能看出来我的父母在一起并不快乐。我希望他们都好，尤其是我妹妹。我担心她会重蹈我的覆辙。"

安娜的焦虑是突然出现的。确实，它出现的时候正发生着一件让人高兴的事情——搬到自己的公寓里。虽然她自己没办法解释，但是显然这件事情还是对她造成了压力。"我觉得这是很多事情的发生导致的。可惜我没能找到哪件事是最后一根稻草，但总体来说，一系列的失败引发了我潜意识中强烈的挫败感，还有母亲的羞辱和失望，这些都可能是罪魁祸首。每走一步，我都觉得自己很失败。它就像把我压于众多负担之下的一个魔咒，所以我变成了自己最恶毒的敌人，就算是为芝麻大点儿的小事也要无情地批判自己。"

我发现她令人难以置信，她所拥有的智慧远在她的年龄水平之上，她十分清楚自己想要什么，而且我也认为她努力的结果是成功的。她目前就职于一家艺术公司，承担着沟通甚至是组织的工作。她知道如何设定界限，但却担心距离自我的实现时间所剩无几。她声称自己拥有一个完美男友，她也喜欢自己的工作。她渴望归属感，这对于她而言意义重大；没有归属感，她就无所适从。我猜想在她的原生家庭中，这种归属感是被剥夺了的。

安娜聪慧过人，有教养，易动情，富有同理心。我不禁会想，如果掌权的人都像她这样，那么这个世界一定会变得更美好。她的前途光明，而且她也认识到了这一点，但有时她会被恐惧打败，也正是在这种时候，她会忘记她所有的优势，在与那些负面想法抗争时失去所有力气。

在焦虑症初次出现时，安娜迅速寻求了帮助，她的全科医生很快为她推荐了一位精神科医生。

"与这位精神科医生的第一次预约是免费的，我不知道该期待些什么。她对我的态度傲慢又自大，导致我们的谈话堪称一场灾难。她谴责我'不如旧时的人那么积极'。即便如此，我依然被确诊了——焦虑症。不久之后，我遇到了现在的心理治疗师，是她给了我希望，让我相信自己最终能恢复正常的生活，而且我也喜欢她的治疗方法。但是我拒绝服药，我还是更倾向于熬过艰难的时期，而不愿意整天对什么事都漠不关心。因为我有成瘾的倾向，所以我发现尝试服药并不安全。"

通过她的焦虑症，安娜意识到谁才是她的真心朋友。她说要么就是大部分人都离她而去，要么就是她自己把他们拒之于千里之外。她承认："我的社交生活缩小到仅限于和治疗师的会面——每次治疗结束后我们会一起喝杯咖啡。"然而有些朋友仅仅因为无法忍受，就直接不再跟她来往了；因为她的焦虑症，他们觉得她变得无聊了。"你懂的，人们都不想听到问题和困难，每个人都有自己的重负，大家绝对不想因为其他人而让自己忧心忡忡。"她解释说。

我认为能够理解的一点是，尽管一个人无法解决另外一个人的所有问题，但不管是谁都需要有个人可以倾诉。然而人和人之间是不一样的。有些人经常抱怨，却从不听取任何建议，因为他们过于享受受害者的角色，不愿意接受任何改变。相反，有些人是真的在尽最大的努力让自己好起来，在这种情况下，去倾听并非无用——相反，它是必要的，因为帮助他人也能反过来帮助自己。

"我发现自己在讨论自己的问题方面还是有障碍，也许正因如此，我才会躲避所有人的陪伴，我明显感觉到很多人并没有真正地理解焦虑症。要是从未经历过焦虑症所带来的严峻挑战，便很难理解那种对世界的不理性的恐惧，也因此不会把你太当回事，毕竟那个人并不了解你每天都要进行的无数次抗争。在很长一段时间里，父母无法理解我到底怎么了，所以我给他们看了一些关于焦虑症的文章，有几次他们自己也目睹了我的那些症状。"

尽管我知道焦虑本身是正面的，但我还是为安娜感到难过，就像我之前提到的，它迫使你做出改变。安娜也是如此，她认为自己确实是有些地方出了问题，她对焦虑症抱有几分感激，因为它帮助她意识到了很多重要的事情。

"这是一次洗心革面的经历。有句话说得好，只有生病了，你才会开始珍惜自己的身体，现在我看世界完全用的是另外一种眼光。很多之前不证自明的事如今却需要谨慎地去计划，每一种情况我都需要仔细考虑，并且试图去控制，不管是去一趟商店、坐一趟公交、看一场电影，还是日常的一次见面。"

虽然还是在挣扎，但她最近好几个月都感觉好一些了。"由于不断地在做思想斗争，所以我的日常生活充满了压力。我感觉自己在过着两种生活，有时候某一天我会感到自己没有丝毫的好转，认为自己永远都治不好了。在那之后，我埋头工作，让自己的头脑保持忙碌的状态，这时每当我取得一点进步或者成功完成一个项目时，就会为下一项工作积攒新的动力和力量。这能让我镇定下来，甚至能让我的内心十分平静。我还会不时地恐慌，但只要周围是能让我百分之百感到安全的人，焦虑就会变得更容易承受。我是个天生乐观的人，所以最终还是希望自己能彻底摆脱这种病症。

虽然确实有好转，但我还是希望自己能像过去一样正常地生活，回到只有在看牙医或者考试前才会紧张的日子。"

　　我们两个小时的交谈过得非常快。有她在我感到很放松，安娜也说她有被我治愈的感觉。我知道我们会再次见面，实际上，我们约好要召集所有对这本书有贡献的人进行一次碰面。最重要的是，我很高兴这是安娜提议的——之前坚持认为一次谈话对她的问题毫无帮助的安娜。于我而言，通过这次会面，我可以确认公开地谈论自己的焦虑，并与有相似问题的人建立联系，实际上具有一定的治疗效果。

早上的咖啡

"我朋友正在计划创办一份新的杂志，我可以帮你联系她，"一个熟人在得知我正在找工作时对我说，"你的媒体工作经验那么丰富，她会很乐意你能联系她的。"

我没有丝毫犹豫，当即就打电话给她，约好了准备见面。

她录用我。我要去的办公场所虽然小，但是崭新舒适；有几个女孩子已经在那里了。整个项目刚刚启动，我感到很不错。那里给我的第一印象是，每个女孩子都清楚自己在做什么，在那间办公室里，我嗅到了未来的气息。

随后我们又见了几次面，这时我意识到项目负责人缺乏真知灼见。我们谈了很多，但几乎没有什么实际效果。又是在做无用功，我这样想，但又立刻安慰自己：不过至少我认识了几个非常不错的女孩子。尽管我试图让我们获得共赢，但直觉告诉我这只会是在浪费时间。我试图忽略自己的这种直觉。

早上，我们在办公室附近的咖啡店碰面喝咖啡，我心中顾虑重重。为什么我没鼓起勇气大胆并清晰地说出我的想法呢？

伊娃，我的一个同事，显然正在跟大家讲什么有趣的事，因为所有女孩都在大笑，然而我已经陷入了沉思之中。如果这份杂志真的前途渺茫，我担心接下来会发生什么样的事情。

就在此时，焦虑再次袭来。突如其来，就像第一次那样。我从头到脚都在颤抖，双手发麻，身体疲惫不堪，忽冷忽热。

与第一次不同的是，我几乎是立即从咖啡馆里抽出身来。我的身体在命令我马上离开。没有什么比离开的欲望更强烈了。当然，我瞒过去其他人。在任何情况下，我都不会允许其他姑娘察觉到任何不对劲，所以我摆出一副一本正经的面孔，假装刚接到一个紧急电话。"我需要接一下，一会儿就回来。"我撒谎。"好的好的，去吧，我们等你。"在匆忙离开时，我差点儿撞倒了一把椅子。

来到外面，二月的冷风吹得我冷静了下来，也驱散了我的反胃感。又低血压了，我猜想。这一切太难了，然而我的担忧却加剧了。

站在外面假装在打电话的时候，我问自己第一次惊恐发作和这次有没有什么关系，因为这才过去三周而已。我不确定答案，但我有种不好的预感。这颗种子已经被种下了。

看似平安无事的一段时期

在那之后，惊恐发作消失了一段时间——如果我没记错的话，差不多是一个月。我在慢慢地恢复，就像之前那样。

很快我便得到了另一份工作。作为某位私营女企业家的项目负责人，我负责针对不同的客户撰写相应的沟通策略，以及完成其他与公关相关的工作。这段时期风平浪静。每当我在待做事项列表上的"工作"那项打对号时，我便要求自己平静下来。一切都在按计划进行，至少我是这么认为的。

关于不断出现的反胃感，我去看了医生，她告诉我很可能与我所承受的压力和艰难的生活境况有关。她表达了关心，指出我必须从我的责任感中解脱出来，那种生活方式是没有什么好结果的。我记得我们之间还没有确定一个明确的诊断，不过我喜欢这位医生——在我看来是过度的——关心，她提醒我真的应该开始重视自己的精神状态了。

"还有，说真的，达玛娜，你真的需要一个男人，"她说，"听我说，单靠你自己是应付不了的，找一个合适的伴侣，你会发现事情会变得简单起来。"

当时我觉得这个建议很俗套，但没过多久我就意识到她是对的。我确实不知道我的生活压力有多大。作为有工作的单亲妈妈，我还缺少伴侣支持，更何况我的前任还让我的生活苦不堪言。换作其他人，可能都无法承受这么大的压力，可我从来没多想过，因为从小我就习惯了这样。

"达玛娜，你应付的事情太多了，顾不过来的。"我的朋友梅尔有好几次这么说。我当时不理解他为什么这么说，也不懂他这样说是什么意思，主要因为我那时性格不够沉着冷静。我很容易受伤，对什么事情都无法做到置之不理。我不知道怎样设定界限，总是被内疚感折磨着。

当然，这些都是我的心理斗争，而从表面上看，我一直都是那个无所畏惧的战士。我同时在若干条战线战斗着，事情变得越来越复杂。对于我来说，这一切再寻常不过了——我所了解的生活就是这样的，风平浪静反而会让我感到无聊。现在看来，自始至终我在抗争的显然只是自己而已，没有别人。

"明天我们要开个重要的会，"我的同事在电话里说，"需要尽快出一个提议——你能做吗？"

"当然能。"我回答道。

我开始着手撰写，我爱工作。针对每个客户我都知道如何提供一个量体裁衣般的契合方案，对此我乐在其中。

我们一早就会见了新客户。会议进行得很顺利，但与此同时，我的同事又接到一通电话，所以我们不得不改变计划，去见另一个客户。

我记得那是再普通不过的一天，中午的时候我们在一家十分舒适的酒吧就座。我不清楚自己当时在想什么，有一段时间，我正听着他们的谈话，然后突然间，在不到几秒的时间里，我的惊恐又发作了。又是那种感觉，它偷偷地沿着我的腹部，我的胸部下方，以及我胸部与腰部之间的部分爬了上来。

每一个受惊恐发作和焦虑困扰的人都有他自己的"震中"。很多人都提到过他们的胸部或者喉部，但对于我来说，"震中"是我的腹部。一切都源于那里，我所有的恐惧。

我无法控制自己的感觉。不知它因何而起，这是所有关于惊恐发作的事实中最糟糕的一点，你永远不知道它什么时候发生。你试着去对它做出解释，去寻找与你现在的处境或者身体健康有关的一些特定原因，然而你一无所获。

我向他们两个故作轻松地一瞥，像是一切正常，这是我最大限度地能做的了，随后我就逃到了休息室。我没法去看镜子里的自己，因为我不知道如果看了会有什么感觉。

我越来越害怕。那时候我还不知道这只是一次中等程度的惊恐发作。我对最差的一次是什么感觉还没概念，而我已经感到自己快要晕厥了。一想到不知道自己什么时候才会好起来，也不知道如何才能终结这场严酷的考验，我就不寒而栗。

当然，这种感觉很快就平息了下去。突然间我可以冷静下来，回到他们当中了，但因为这次发作令我心力交瘁，所以我一心想回家。我编了个理由，说家人在等我，所以我不得不回去。"你走吧，"同事说，"明天见。"

一份正式诊断

"什么？我不懂。惊恐发作？那是什么？"

"不用怀疑，达玛娜。你有太多事情要去应付了，而你又是独自一人——惊恐发作只是时间早晚的问题罢了。而且你的那份工作，就是你一直在做的那些事——除了压力就没别的了。像你这样的不止你一个——还有其他很多人。在生命中的某个时刻，一个人会突然崩溃，然后无法继续前行。通常这种情况都发生在生活中有重大转折点的时候，比如离婚、亲友死亡，甚至是孩子的出生。当然，日常的压力、你的童年生活以及你的信念只会让情况恶化。"

我一头雾水。有人崩溃？什么？谁崩溃了？我很坚强！我承认，我的生活并不是简单无忧，有过一些毁灭性的艰难时刻——但我还是很坚强！我很困惑，也很害怕。我担心会在医生面前惊恐发作。

在那之前，我已经感觉到了与自我的脱离，这种状态已经有几个星期了。感觉好像变成了另外一个人，永远不再是原来的自己。这种感觉很糟糕，感觉失去了对生活的掌控。自此生命中再也不会有好运和幸福了，从那一刻开始，你就不得不忍受一个接着另一个的残酷抗争。你会觉得你的生命中只剩下对下一场惊恐发作的该死的恐惧。我想可能就是在这个时候，我的抑郁症悄悄地潜入了进来。

我一向都是一个直言不讳、吹毛求疵的人，或者说大部分时候是，我对生活的各个方面都不同程度地注入了讽刺精神。没错，我很容易就会不高兴。我总是在追求更好，也确实执迷于取得进步。我害怕陷于平庸之中，无法忍受消极被动。对于我来说，保持原地不动是一件很难的事。只有新闻业一直是我的兴趣所在，因为它与正义、客观事实、改善世界——简言之就是进步——相关。那个时候，充满压力的工作刚好适合我，要是没有肾上腺素的作用，我会觉得这份工作很没意思。

"你得换份工作，"我的医生打断了我的思绪说，"这份工作你已经不想做了。该你做的你已经完成了，现在整理一下心绪，去找一个能为你提供安定有序的工作环境的地方。"

"但是我现在已经在做沟通性质的工作了，记者我已经不做了。"

"这不重要，"她反驳道，"这些工作只会让你感到疲惫。你会连轴转地去做，永远也不知道停下来，这不适合你。"她再次强调。

当然，那个时候这种建议是绝对不可能被采纳的，我认为我的事业还没有结束。难道我要把这些年的知识学习，还有宝贵的经验统统都丢掉，转而去做个什么行政人员？绝对不行。好吧，至少我当时是这么想的。我笃定自己还存有一些精力和力气。

"去找个心理治疗师吧，如果想吃药的话，去找精神科医生，但我建议最好别吃药。"她给出了结论。

我在震惊中离开了她的办公室。回到家，我坐到电脑前面，开始看论坛。不，不，我边浏览边想。论坛上的帖子把我推进了黑暗之中，让我有种自己已经跨过了不能回头的临界点的感觉。这不可能。

有趣的是，虽然关于焦虑的这些帖子读起来让人心灰意冷，但却让我的心平静了下来，让我确信有问题的不止我一个人，因为没有什么内容让我沮丧到又开始有焦虑感，甚至是要惊恐发作。

尽管如此，我认为虽然这些论坛没有什么用，却能直接导致你抑郁。而且看论坛有百害而无一利。在论坛上你看到过什么正能量的内容吗？有谁发表过"嗨，放轻松，你一定能完全摆脱焦虑的"这样的言论吗？没有吧？你能看到的只有诸如谁吃什么药，吃药有多必要之类的内容。到处都是悲痛、抱怨、信息闭塞的人。吃药？看精神科医生？不，我不想去看精神科医生，然后开始嗑药——变成一个"药物狂"。我连阿司匹林都没吃过，现在却要给自己灌一些抗抑郁的药？

现在，我可以十分确定地说，治疗焦虑症并非一定要吃药，这因人而异。我就一片药都没吃过，虽然他们给我开了药，但也仅限于我第一次去看医生的时候：当我的精神科医生稍微了解我一点儿后（当然，我最终还是屈服去看了医生），她自己就意识到吃药不适合我，反而是运动、冥想、针灸和心理治疗这些方法可以帮助到我。她信任我，而这份信任让我更加坚定自己的想法。我的全科医生也从来不鼓励我吃药，这对我来说意义重大。

我不记得是否跟家人说过自己的情况，我想应该没说过。也许偶尔地透露过一些，但我一直还都是隐藏在压力、疲惫和不安的后面不敢面对，我也不清楚有没有人察觉到什么。"嗯，应该没人会注意到。"是我一直坚持的想法。你能想象到有人不说自己是焦虑不安，而是说担心害怕吗？如果说自己害怕，大家都会认为他疯了。"焦虑"是一个更好听、更现代的词汇，最重要的是，因为我们更倾向于把害怕当作一种疯狂的行为，所以焦虑这种说法更容易被社会接受。

萨尼亚：
"最糟糕的是意识到有人夺走了你熟悉的生活"

我是在几年前见到萨尼亚的，第一次找工作的时候。她有一个项目需要招人，就这样我们才认识；不过最后才发现，她被这个项目的负责人给骗了——我也是。

我需要一份工作，而且我也喜欢萨尼亚，因为她知道如何用兴趣和极大的热情来表达她的想法，所以我决定入伙。这个网页项目真的很有潜力，然而最后我们却出现了资金短缺，因为原本的投资人突然消失得无影无踪。我失去了时间、金钱以及对人的信任，最重要的是，这件事给我造成了很大的冲击。萨尼亚和我差不多。这件事对她打击很大；用她的话说，她已经一无所有。

我依稀记得我们第一次见面时，她显得与众不同。她有一种气质——我不知道怎么描述——一种特别的气质，善于察人和共情。她热情洋溢、能力卓越，对于自己感兴趣或想掌握的事情懂得多、会分析，处理每件事情都极其精准。她是个很有修养的人，我喜欢同这类人共事，因为能从他们身上学到很多。她出现的时候通常会给人一种很大气的感觉。

我根本不知道她也有焦虑的问题。直到我在脸书上发帖说自己想找一些焦虑症患者之后，才发现她和我有类似的问题。

据她所说，她第一次惊恐发作时正躺在家里的床上，那时她刚做完一场妇科大手术。到现在为止，她已经带着焦虑症生活了20年。她在第一次惊恐发作后，很快就开始了她口中所说的治疗尝试，而抗焦虑药是她的首选。

"我还记得那时刚做完手术，躺在我父母卧室里的情景，我在与失眠和一种令人窒息的未知的恐惧做斗争。我感觉有巨大的重量在我胸口，压得我完全无法动弹。尽管术后身体虚弱，我还是小心翼翼地起身，朝着房子前面的草地慢慢地移动。我想出去透透气。月光皎洁明亮，然而云杉和水果树以及那些灌木丛全都变得很陌生，我看不出它们的轮廓。这不是黑漆漆，而是灰蒙蒙。我并没有害怕，但却惊讶于这种似乎有些超自然的感觉，它像薄雾一样四下扩散开来。

"我的恐惧感并不来自闪着银光的薄雾，而是来自我喘息的胸口和喉咙。尽管我试着深呼吸，但结果却只是浅浅的一口气，仅仅触及肺部的顶端，并没有带来深吸气和慢呼气的那种释放的感觉。通常我只要重复几下这一动作，就会感到放松。不，没人在追赶我，没人在威胁我。我不会死的，虽然我刚从一场大手术中活了下来，一切都会好起来的。我会好起来的，我不停地告诉自己。等到我回到卧室，恐惧感和有所减轻的重量感还是压在我胸口。我闭上眼，不停地说服自己，我是安全的。我不记得自己是怎么熬到第二天早上的。"

因为萨尼亚的失眠症，前来看她的全科医生发现有点不大对劲儿，给她开了镇静剂。

"我不知道她对我的病情有没有保留，但她建议我寻求专业人士的帮助。'手术过程中使用麻醉可能会导致惊恐或焦虑发作，但是很快就会过去。'她解释道。我知道多亏吃了抗焦虑药，我才熬过了术后的那一个月，其实也就是说我的惊恐发作越来越频繁，越来越强烈。

　　"几乎每个下午——以及许多个无眠之夜——我都曾希望自己好起来，为此我试图通过长时间散步来缓解。然而，并没有什么用。有时我会吞下两片药，最多三片。每次吃完我都会有很深的负罪感，因为有人严重警告过我，吃药很容易让人上瘾。好像当你摊上这种事的时候，对抗焦虑药产生依赖就已经是最糟糕的了似的，我现在这么对自己说。其实，阻止焦虑症的发作，不去寻求治疗，隐瞒自己患焦虑症的事实才更糟糕，但是我完全同意生活本身就是最好的瘾这一说法。不论是美好时刻，还是困难的时刻，都是如此。这样想的话，实现我们自己与疾病——或者没有疾病——的自洽就会更容易些。要知道没有什么能比体力和脑力上的努力，情感和心灵上的节制以及美味的食物更治愈人的了。"

　　对于萨尼亚来说，惊恐发作是最糟糕的，那个时候她会哭个不停。她无法阻止这些事情的发生，她记得自己甚至都无法呼吸。

　　"比如有一次惊恐发作是在大雨天开夜车的时候，特别恐怖。我当时准备去看我的精神科医生，她安慰说我不会死的，一切很快就会过去，还给我开了抗抑郁的药以及更长的病假。她是第一个待我如成年人的人——带着对成年人的尊重。还有一次是在上班的时候，我心慌意乱，那时我真希望自己也失去了知觉。失眠，整夜整夜地焦虑，一直到凌晨三四点，然后早上去上班。我想自从那次中风住院后，我就再也没有睡过一个好觉，这都是十五年前的事了。"

她最大的心理负担是被捆缚和不自由的感觉，对生活失去控制的感觉，我从在焦虑症和相关感受上对我吐露真言的每个人口中都听到过类似的说法。

"头脑中有很多糟糕的念头，但又没办法赶走。意识到有人夺走了你熟悉和热爱的生活，而且是你自己一手造成的。所以你哭泣、失眠，哭到停不下来，你深呼吸，然后大叫为什么，这是为什么？然而没过几年，一旦你对你的敌人（诊断编号 F43[1]——极端压力和适应障碍反应）已经完全熟悉，便可以理性地接受自己的病症，向自己做出解释，并理解它从本质上与糖尿病、高血压或者腹泻病——这可能是最恰当的比方了——没有什么不同。"

尽管萨尼亚承认我们居住在一个特殊的环境里，但她还是坚信焦虑症与基因型有很大的关系。"父亲、母亲、祖父、外公、祖母、外婆、曾祖母、曾外祖母、叔叔们——谢谢你们送的花！"她微笑并补充道，"我本身也给自己增添了一些负担，主要是年轻的时候过得太忙碌；另外有一些来自社会系统的变化，以及崩塌的道德体系和人际关系；还有很大一部分源于带着有害的'儿童期疾病'的早期资本主义的引入，时至今日还在'滋养'着我们的各种精神疾病。2008 年一场全球性的金融和经济危机席卷而来，这次危机将我们残留的那点确定性、理想主义和发展成果都消磨殆尽。

"在个人层面上，过早地失去曾在保护我、帮助我成长中起到关键作用的我所挚爱的'根基'以及几段无疾而终的恋情，也都对我产生了一定影响。而在这些错综复杂的因素之外，还有另外一些看上去毫无关系的嗜好：工作、吸烟、过度饮酒、缺少睡眠。在这个如此不安全的时代和世界，还怎么奢望有人能有安全感？"

的确如此。当今时代，不焦虑反而不正常。

"但是我清楚地记得当我最本质的东西——我的自尊——受到威胁时，情况变得有多么糟糕。我在工作上受到了排挤。那时我感受到一种完完全全的失控感，感觉我的自尊受到了威胁，感到绝望。站在现在往回看，我明白了自己为什么当时会有那样的感受。因为那时没有人可以求助，我的上级都有意地忽视我，而我也无法寻求法律上的帮助，因为了解排挤问题的律师寥寥无几。大部分律师都确信在工作中，只有难相处的、过于敏感的职员才会有受到威胁的感觉，而那些实施排挤行为的人往往会被称赞为行事果断、志向远大。

"就算是在各方面都取得进步的当今，排挤依然是最卑劣、最伤人的行为模式之一，因为它总是会被默许，从未受到过惩罚，受害者大多是女性。在我看来，排挤是抑郁、焦虑或惊恐发作的众多新诱因的诱因，又或者它导致了已经有上述这些问题的人情况进一步恶化。不过我们现在至少已经知道如何称呼那些引发这些问题的人：自我陶醉者、精神变态者、自我主义者，他们的典型行为和伎俩已经广为人知。压力、负担、过高的期望、负面的情绪以及冲突在一个无毒害的环境中才更容易消化。"

在工作环境中，最常让她感到痛苦的是工作量、组织不力、缺乏远见和成绩（除利润外）可量化的计划、由于忽视市场造成的不切实际的预期、企业文化、各方面的压力、解雇、失信以及财务困境。即便如此，她依然能专心地做自己的工作——联想我所交谈过的那些人，这几乎是所有焦虑症患者的典型特征。

不管经济环境如何紧张，萨尼亚都会要求自己做到最好。她总是第一个到公司，最后一个离开，甚至到家还会继续工作。她已经忘记了如何去享受成功，如何去休息放松。她不懂如何保护自己，不懂如何辨别出她的上级们不断将她推向的具有毒害性的环境和斗争。

萨尼亚还通过服用抗抑郁药、参加放松课程和集体治疗来寻求帮助，目前她只是每隔几个月参加个体心理治疗。

"在最严重的时期，焦虑忍受起来极度地困难。就我个人经历而言，不可能不服用药物，不管是抗抑郁的，还是抗焦虑的。只有冷静下来的时候才有可能开始考虑诊断、诱因和结果，才有可能开始解决真正的问题，通过一小步一小步的努力让自己好起来，过能容纳精神疾病的安定的生活。一段完美的友谊可融入这样的生活之中，但前提是这位朋友得避开任何一个可能触发'过敏'反应的因素。这个规则执行起来并不容易，因为它要求对方有很强的自制力和一定程度上的自我牺牲，但这么做其实很有效。"随后，她解释道："假如你对面筋过敏，那么你就有必要避免吃到它，把它完全排除在外，这一点同样适用于环境、人以及其他物质。一般而言，被冒犯的后果并不算严重，但前提是不被经常性地冒犯。我就曾因此发生过局部缺血性中风，所以现在基本上不敢再犯。

"一直以来，我总是竖耳倾听、用心感受、不断试验，以识别或搜寻出可能引起重大反应或者说'过敏反应'复发的征兆。到目前为止，我一直都做得很好。纠正一下，是我们一直做得很好！

我的'本质'，我的一些'死亡的脑细胞'，我的'不安'，我的朋友'惊恐'，我潜在的朋友'抑郁'——我的整个大家庭。我们都做得很好。"

由于无法隐瞒自己做过妇科手术，又经历了中风发作，萨尼亚向她的家人坦白了她的焦虑症，她的家人给予了她足够的信任。不久以后，她母亲透露萨尼亚的父亲也有类似的问题。萨尼亚已经无法找他聊天，因为父亲50岁的时候突发心脏病离世。另外，她的妹妹也已经被诊断为躁郁症。

"在我们这个大家庭里，我们会谈论那些我们都知道的症状，但不会涉及具体疾病的诊断。我觉得我们也不再需要去谈论具体的诊断了。每个人都找到了自己的方法，都在努力用自己的方式去克服。我的直系和旁系亲属几乎都拥有高学历、高智商，直觉告诉我，我们也都比较内向。出于这个原因，尽管面对这一问题需要耗费大量的时间，治疗策略也是因人而异，可是我们对于精神疾病还是有很高的认识水平。"相反的是，她从未告诉同事她所经历的痛苦。她总是用其他的病作掩护来请病假，而这个病在她身上确实也同时存在。她说她并不为此感到抱歉，因为她不信任其他人。在这个竞争极其激烈、经济环境十分紧张、道德观系统已然崩塌的时代，她没有安全感，所以只信任她的直系亲属以及少数几个朋友。

萨尼亚形容自己为内向而体贴的人。"很多年以来，我一直都想被接纳和被爱。不是爱情中的那种爱，而是被尊重。我一直致力于此，只是少了些主动，多了些谨慎，且只针对值得的人。"

她意识到自己面对的是"四最"：倦怠、压力、抑郁以及惊恐发作，这"四最"代表了最极端的四种表现。"但是现在我还好好的——有活力，有能力，做了很多计划，愿意去学习和体验新事物等等，我只想勇往直前。我所生活的这个社会已经腐败堕落，我接受这一事实，所以我自己就要做出一些好的事情，来帮助或者鼓励那些跌倒的、堕落的或者艰难前行的人。在我自己的世界里，我通过精神之旅、受教育以及获取对世界更深入的认识来充实自己。如果我知道得更多，也就有能力回馈得更多。"

萨尼亚认为她的那次中风在她终于看清自己的病情并将其归为次要问题上起到了决定性的作用。三年后，她的中风和复发的妇科问题也被划归为次要问题。"现在我已经有能力保护自己不受外部世界以及我自己的伤害。"

萨尼亚目前正在求职。她精通市场销售，有时会因为面试过程中脱口而出的销售方式而被误会，其实这些方式在外国公司中十分普遍，但在斯洛文尼亚还未普及。她未来的雇主一定会对她表示满意，因为在她的业务领域，她是数一数二的。我祝她能遇到一个有能力的、聪明的老板，有高度的觉悟，还要至少有一些同情心。

1 见 ICD-10，即世界卫生组织发布的医学分类清单《疾病和相关健康问题的国际统计分类》第10版，包括大病、迹象和征兆、异常发现、小病、社会环境以及外伤或大病的外因等的编号。

在主管办公室的一次惊恐发作

说实话，我不知道在被确诊之后事情是朝着好的，还是坏的方向发展了。因为我越来越担心会再次惊恐发作，所以在我看来，事情常常是朝坏的方向发展了。

很快我便找到了一份稳定些的新工作，是在一家有着悠久传统的斯洛文尼亚公司做公关负责人。然而，我的情况并没有好转，实际上，在承受压力方面，我可以说是从一个小火坑跳到了另一个大火坑里。

我以巨大的热情投身于这份新工作中——实际上我的朋友和同事都说我热情过头了。"你这样做会耗费过多的精力，你付出得太多，太乐于去工作，而你这个样子吓到了很多人。"他们不断地告诉我："淡定，放轻松，假装你就在工作，要不然你会毁了自己的。"

这从来都不是我的风格。我的模式是一头扎进工作中，不管我在哪里开始一份新的工作，我总是富有想法、意志、精力和热情。而这样长期下去，我总会在某个时候累到精疲力竭。

我的新老板很有头脑，而且在我眼里他也很正直。我觉得他特别懂得如何激发出我最高的工作效率，但他总是因为一些小事或者他必须做出的任何一个经营决策联系我。他知道我很会开导人，所以常常需要我的建议来应对某些人。一天下来他能给我打五次电话，就算是周六晚上也不例外，而周日则是短信和邮件的狂轰滥炸。对于他而言，不管多小的事都很紧急，而我又不知道怎么拒绝，他简直就是个情感上的吸血鬼。不过别误会，本质上他确实是个好人。但这就是他的工作方法，他的作风。他吸走了我的能量，而我却浑然不知，直到在短暂的平静之后，我的惊恐发作又找上门来。

我的老板对我和对他的其他员工一样。当然，他是个商人，对员工的个人生活并不关心。这让我很苦恼，但我又不敢提意见。我担心会丢了工作，而且我那时候还抚养着一个正值青春期的女儿，我没那个资本失业。

有一天，我们正在他那个十分舒适的办公室开会，我突然就惊恐发作了。不会吧，这是我当时所能想到的。我瞬间呼吸困难。我浑身发麻，颤抖不已，所有这些反应都来自我的腹部。同时，我开始流汗和打战，我突然开始解开外套的扣子，然后又解开衬衣上面的扣子并卷起袖子。这一次，我的工作伙伴意识到了不对劲。

"你怎么了？"他问。

"没什么，我不知道，好像感觉有点儿晕。"我撒了谎。

不得不说，我发现撒谎太难了。作为一个情绪都清楚地写在脸上的人，谎话我真的说不出口。就算我试着去说谎，也通常掩盖不了任何事情。这对于我自己来说十分不利，但对其他人来说十分有利。我的一生都深受其害，但如今我已经无所谓了，反正我也忍受不了虚伪和欺骗。

我尝试继续做我的关于沟通策略的演示，但结果却什么都不记得了。电暖器打开了，我试图集中精力在电暖器上，想象它所释放的热量如何让我充满安全感，但没用。突然之间，我从椅子上弹了起来。我实在坚持不住了，我确信再在这间办公室多待一秒绝对会把我逼疯。我听不下去了，现在所发生的一切与购物中心的那次极其相似，我已经听不到他在说什么了。

"抱歉，我现在需要出去一下。"我回应道。

他一句也没问，只是疑惑地点了点头说："你脸色不好，也太瘦，我觉得你吃得太少了。"

然而我已经走了，我以最快的速度跑了出去。走，走，走，我在内心呐喊。我想走掉，我需要走掉。

我上了电梯——我们在高层，然而想到还需要等待，需要忍受其他人的存在，我变得更加烦躁。我当时感觉永远下不到一层了，甚至还没到我可能就完蛋了。成千上万个想法在我脑中闪现，然而给我打击最大的是，我已经不认识自己了。我怎么了？完全无能为力了吗？我不再是个正常人了。

周围全都是正常人，但我不是。我的天啊，我的女儿怎么办？我又会变成什么样？我该怎么治疗？究竟能不能治愈？可不可以让这一切停止，让我上楼继续工作，就好像什么都没发生过一样？其实这时候惊恐发作已经在逐渐消失，因为通常只有在它减弱的时候你才能开始思考；在那之前你是无法摆脱它的，最重要的是，你已经被恐惧麻痹了。

电梯好像永远都下不去似的，一切都让我很烦躁——有人进电梯，兴奋地打招呼。我受不了他们的声音。一切都失去了意义，这已经不再是我所熟知的那个有象征意义的世界了。我正在用一种完全不同的方式经历所有事情。我有一种感觉，那就是我和旁边的人生活在两个不同的世界中，而我只是在透过玻璃观察着他们。他们什么都不知道，他们完全想不到我正在经历着什么。然而这么想让人感到恐惧，使人产生一种幻灭感，我已经不属于这个世界了。在我和其他人之间出现了一道鸿沟，这令人不寒而栗。

等到终于走出电梯的时候，我如释重负地松了口气。我终于出来了，终于可以远离所有人一个人待着了。虽然我累到像是连续几天没睡觉似的，但是我得到了解脱。我疲惫不堪，我支离破碎。

我依然有种疏离感，感觉不属于周围的世界。青草、绿树、汽车、笑声、满座的酒吧——所有这一切都和我之前所认识的不一样。我的脑子里没有一个想法是美好、幸福、愉快或积极的，所有想法都是灰暗的。我是谁？我怎么了？因为还没办法跟别人说话，所以我祈祷着不要碰见任何熟人，不要在今天，不要是现在。我想回家，但我甚至都不知道怎么回，我清醒地意识到，在家也就意味着我要与自己的想法独处，而我并不想这样，所以回家并不是个好选择。但是我又不想去其他地方闲逛——我独自一人，不知身在何处，在这个看似陌生的世界中迷失了自己。

这次的惊恐发作比前两次都要严重：它更强烈，持续时间更长，而且——最让我害怕的是——它还增加了其他的一些维度。这是我之前所没有料到的。

一直以来，我都觉得自己跟别人不一样，我并非妄自尊大。我指的是，从未有过属于某种更广大的什么东西的感觉。我从未有过归属感，所以不论在工作上，还是在生活中，我从未停止过寻找，从未停止过这种渴望，我相信很多人都和我有同样的感受。就像一个旁观者，这个词很恰当。

儿童和青少年时期的我安静又腼腆。我很自卑，那个时候的我认为所有人都比自己聪明，比自己优秀，而自己却既不漂亮又无趣，甚至可以说长得有点丑。

小时候，没有人鼓励过我。用我的心理治疗师的话说，我当时的生活环境放到其他任何人身上，都会把这个人摧毁。我记得她说，很多出自我这样生活环境的人最后都酗酒，或者选择了自杀。而我却熬了过来，最后还取得了这么大的成功，坚强得让人难以置信。尽管年轻时发生了那么多不愉快的事，但我依然能够完成我的传播学专业学习，成为一名职业记者，而且还做得很出色。

是的，我对自己确实冷酷无情、要求苛刻，给自己定下的标准也很高。我从不轻易满足，总是觉得自己还有提升空间；每次在什么事情上失败了，我都会花上几个月来分析原因，责怪自己。我有很多宏伟的计划，是个雄心勃勃的人。我希望向别人展示自己多有价值、多优秀、多有能力，而当被轻视或被羞辱时，我会很生气，这便是我的雄心壮志的动力来源。这就是一种双重性，一个悖论：一方面，没有归属感；另一方面，又坚信可以改变这个世界。

就像我说的，我的童年从来都不知道爱、温暖和安全感是什么。在我接受自己愚笨的"事实"的同时，我就已经开始在学校遇到问题了。我永远都没办法忘记在小学快毕业的时候，学校的心理医生告诉我，我完成不了中学四年的学业，因为我上一学年的升级成绩才刚刚及格。要知道，这可是位心理医生！她完全没注意到我的表现有点不一样，她压根没有想了解一下情况。除了指责，她什么都没做。那时，她这样说似乎再正常不过，而今天的我却完全不这么认为。千万次我告诉自己，我要找到那个心理医生，告诉她，她大错特错，而且她的说话方式伤害了我，我希望她没有再对其他人造成更多的伤害。我当时那么信任她——毕竟她是专家，而我只是个孩子。

无论如何，我读完了中学，通过了高考，考上了一所大学，也如期顺利地毕了业。我曾有过一个理解并支持自己的爱人，我不断进步，不断前进，所以那时候的我平静而满足。

即便是到现在，我依然对杜桑我的初恋男友有无限的感激之情。是他鼓励了我，事实上，他是第一个夸我聪明的人。我还以为自己听错了，我记得当时十分肯定自己误解了他的话，他还是个不折不扣的物理学家。最近，他开发的一个装置被广泛应用于世界上的很多国家，他成了一个出色的革新者。

所以对于我而言，成年后的早期其实是一段成长期。我一直都能感受到存在的一部分自我猛然开始苏醒，然而我却没能鼓起足够的勇气将其真正激发出来。这部分的我开放进取、活泼，有能力、有力量，不断激励我前行。这段时期很美好，杜桑教会了我只要有足够的积极性，任何事情都是有可能发生的。他激发了我最好的一面，使我能够成长进步，并多次取得成功。是他让我看到自己的能力，意识到自己配得上一切美好的事情。

我永远都忘不了自己是如何在短短三个月的时间里自学德语和相当于四年高中的数学知识的，这一切的实现都离不开他对我的信任。一旦拥有了动力、学会了自律、确定了目标，你很难想象一个人的潜力可以发挥到何种极致。在这之前，我对自己的愚笨深信不疑，也从来都不擅长数学。但是有了上述经历后，我掌握并爱上了它！

所以我的所有基本需求都得到了满足。我一直在努力战胜过时的、有害的思维模式，虽然我还是比较内向，但是我喜欢出门去酒吧跳舞，而这并不是内向的人通常会做的事。

然而就算是在跳舞的时候，我还是会经常听到伤人的话。当我没在跳舞的时候，我喜欢站在最舒适的角落里，静静地看着别人跳。"你为什么心情不好？"不断地有人这样问我。"为什么就你自己呢？"搞得我都开始觉得自己格格不入，好像打搅到了谁似的。

与此同时，我渴望与有趣、思想开放、人生阅历丰富的人相处，尤其是经历过挫折的人，我会更乐于与其交往。我坚信更高层次的自我觉醒只有通过苦难才能实现。我并非要下人生需要经历苦难这样的定论，也不想从宗教的角度加以提倡，我想表达的是，艰难困苦会增长我们的学识，仅此而已，肤浅让我感到厌倦。然而我又总是焦虑不安，以至于这似乎已经成了我的标志。记不清有多少次，我会听到这样的话："来，笑一笑！"要不然就是："放轻松，总这么心事重重的没必要。"

焦虑不安的感觉一直都有，而且它无所不在。在采访中，我不断地向我的被采访者发问，以此来掩盖我的不安。我这种单刀直入的风格吓到了很多人，以至于他们都开始躲着我。我自己反而从来没躲过谁——在公司我一直都有些神经紧张、手足无措，我这个人看上去总是很严肃。

我也不知道该如何追随自己的直觉，就算我发现是在勉强自己也不会停下。我会强迫自己忍着，还提醒自己，我这么想一定是我的问题。我从来都不想给人留下粗鲁的印象，也不想冒犯——哪怕是伤到——别人。相反，我会伤害到自己，我会允许任何一个人浪费自己的时间和精力。

假如你也有相似的经历，相信我，你的直觉没有错。如果你感觉有谁或者谁的态度你受不了，那么你的感觉一定是对的，不要强迫自己和容易让你焦虑的人交往。不，这并不是说你就是个自私的人，你只是在为自己负责，这样做无可非议。可惜的是，直到现在我才明白这一点。

一直以来我总是在负重前行，所追求的并不是一种轻松的生活。我以为真正有创造力的人做出的都是繁重又暗淡的成果，而不像主流的那样轻松又光明。现在我明白了，像我这样偏爱沉重事物的人很正常，只是我没能享受自己的这种喜欢，这是十分不应该的。还有一点就是，我一直都不懂如何爱护自己。

当我回顾过去时，一切都变得清晰起来。由于自卑，又不够爱自己，我不知道该如何设定界限，因此导致我个性过度敏感，很容易受伤。陌生人的一句话就能让我琢磨上好几天，我会仔细剖析，设想自己本该如何反驳。我会对每一件小事的每一个细节进行分析，这让我疲惫不堪。对于我来说，所有事情都很重要。

"你总是为一些鸡毛蒜皮的小事操心。"我朋友不止一次说。我就这样熬过了永无尽头的分析和痛苦不堪的不眠之夜，要是能有现在的觉悟，我说什么也不会允许自己在这种事情上被偷走这么多能量。这些被消耗的能量是无法再生的，然而我直到现在才明白，能量一旦用光了，就没了。

我曾经是，现在也同样是个理想主义者，但是不再那么极端——我已经醒悟了。我曾经也满腔热情，感觉自己与所有人都有着情感上的联系。我就是没办法看清楚，有些人早就做好了为了一点蝇头小利就摧毁你的准备，甚至在你需要他们以朋友的身份出现时，他们反而会从背后捅你一刀。这不是我所认识的世界，我仿佛是来自另外一个星球，而我的所有这些特质结合到一起——我的心理治疗师告诉我——就是焦虑症滋生的理想土壤。

为了能生存下去，我不得不保护自己，所以我变得难以接近。我经常听到有人说我有多讨厌，有多少人怕我，但是我这么做只是想保护自己不受其他人的伤害。这么做并不合适，然而我却完全意识不到！因为在难以接近的面具背后，隐藏着一个完全不同的我，而正是这个永远不会展示出真我的面具不断地引发不合适的人和事闯入我的生活。

"你才35岁，但却比70岁的人经历得还多。"我的心理治疗师说，之后她又向我解释了为什么我会出现乏力和焦虑。

正是这句话让我开始思考，我一遍又一遍地反复回想。这句话意味深长，事实证明它为我以后进一步地思考做了一个很好的铺垫。

扩大我的活动范围

那段时间我没有接受任何心理治疗，我决定自己来治愈自己。

被确诊之后，我立刻做了很多功课。我收集相关信息，研究自己的病情。正如我之前提到的，斯洛文尼亚这边的信息似乎都比较负面，远远谈不上有鼓舞人心的作用。相比之下，国外的信息和论坛上的讨论气氛就好一些，都比较积极乐观。

自从上次在老板办公室里发生了严重的惊恐发作之后，我便更加谨慎，留意着再次发作的可能性。我害怕进他的办公室，害怕见到他。每次他打来电话时，我的手机上都会出现他的照片，这让我十分苦恼。除非做好充足的心理准备，否则我没办法接听他的电话，离家去上班的每个早上都无比艰难。我很想辞职，但不能。如果我真的不干了，女儿谁来养？

其实那时候我所经历的并不是普通的焦虑，我当时只知道惊恐发作。现在，我将这些情绪统称为恐惧。我在前面写了，我怕我的老板。然而当时我并没有足够的认识来认定这种情绪，针对它进行任何思考或者相应地做出任何反应。为什么我要害怕谁呢？

尽管如此，我还是在不断地为下一次可能的发作做着心理上的准备。我记得在和老板开会的时候，我成功设法阻止了两次发作，但最后却累到痛不欲生。

　　第一次发作时，一种令人难以忍受的恐惧感开始从我的腹部蔓延至四肢，我把握住机会将这种感觉压了下去，就像把神灯里的精灵按回了灯里那样。刚开始的几分钟，一切都在我的掌控之中，之后再次发作时，我又成功地抑制住了。

　　第二次在预感到就要发作时，我在办公室找到一样东西，集中精力想着它，想象它能带给我安全感。这样确实有用，但同时我也听不进去别人在说什么了，因为我的所有注意力都在阻止这次惊恐发作上。幸运的是，没有人注意到什么异常——至少我是这么认为的。我以一种娴熟的姿态又重新回到会议中，好像什么都没发生过似的，这是我第一次小小的胜利。

　　然而一想到下一次发作时会是什么情况，我就心烦意乱。与此同时，每每去想什么时候会再次发作我就既恐惧又焦虑，这也实在让我感到厌倦。一旦发作，又需要消耗很多精力去抵抗，而我不确定自己还有没有力气。如果发作时我还没有准备好呢？

　　不过，担心什么来什么，几天之后，在我能想象到的最危险的情况下——当时我在开车，惊恐发作又来了一次突袭。开车完全是下意识的行为，因为我们已经掌握了这项技能。一摸方向盘我们就会开，不用去想什么时候需要松离合、换一挡、换二挡或者踩离合。总之，对于有经验的司机来说，没有什么能引起他们精神上的任何创伤。

　　那时我正开着车，突然间便呼吸困难，尽管外面是零下十度的气温，我还是毫不犹豫地摇下了两边的车窗，并尽快靠边停车。我浑身发热，惊魂未定，之前战胜焦虑的几次胜利在此时瞬间烟消云散。

当情况逐渐缓和时，我惊恐万分，担心自己的情况已经在急速恶化。我想，我必须做点什么，这样下去不行。

当你不敢再去上班

那个时候，我状态非常糟糕，我的焦虑症越来越严重。我不敢去上班，但还是强迫自己去。一天又一天，我变得越来越虚弱，再寻常不过的一次会议都要耗费掉我大量的精力，锻炼得我也坚持不下去了。

我一直都是个热爱运动的人，有氧运动、徒步旅行、骑行、羽毛球这些我都练过，但那时候我放弃了所有体育运动。实际上，自从生完孩子后，我就慢慢地开始不做了，但这已经是五年前的事了。我认为这是我状态变得糟糕起来的主要原因，因为对于我来说，运动一直都能让我保持稳定的心态，所以我永远都不想缺席。

通常情况下，在去上班的路上，我会反复对自己说"不管怎样，我能行"。然而有一天，我的情况糟糕到不得不由一个朋友护送去上班，这对于我来说打击很大。难道我连一个人去上班都做不到了吗？！请病假肯定是可以的，但愧疚感也会让我无法释怀。我竟然要请病假？

在我开会的时候，有个朋友在外面等我。我的工作时间表是弹性的，但这种特权也伴随着很大的压力。相应地，我随时都有可能接到工作上的电话，所以我不得不一天至少 12 小时待命。

会议结束后，我和朋友一起去到了市中心。我们提前停好了车，穿过帝沃利公园走到市中心。离目的地越近，我就越紧张。什么情况？我试图忽略这种感觉，却只是徒劳；它不断地向我袭来，在现代画廊的台阶上，我开始颤抖。我开始从内向外地颤抖，而自己却束手无策，一切都变得难以承受。单单看到街道，听到交通的噪音、城市的喧嚣以及人发出的声音，我都承受不了。所有这一切都让我感到疲惫，都在摧毁我最核心的本质。

"我觉得我做不到，"我脱口而出，"我很难受。"

"不管怎样都要试试，"达雷说，"不要逃避，再坚持一下。"

我费了很大劲儿去与他肩并肩同行，他则装作什么都没发生的样子，还不停地讲一些有的没的来分散我的注意力，他确实成功了。但是焦虑感像只狗一样总是朝我扑来，而且完全没有要放弃的意思；它想盖过我，不想就此罢休，而我却是它的帮凶。因为我的恐惧，它平添了额外的力量，是我鼓励并要求它来摧毁我。我当时还没意识到这一点，而且也很虚弱，没有战胜恐惧的力量。

我感觉自己就快晕倒了，因为整个城市带来的压迫感让我无力承受。周围的一切都让我心烦：小鸟、车辆、建筑、街道、音乐、酒吧，还有人，我觉得就快疯掉了。我累坏了，所以说服自己需要立即回到车里，不然就真的要疯了。这种压力让人不堪忍受，比以往任何一次都要强烈，没有经历过的人只是想象一下都会很困难。所有事情几乎都是同时发生，似乎就在突然之间，我开始对周围的每一个刺激因素变得很敏感，而且这些诱因已经变得强烈很多。

有达雷一起，我们没有停下脚步，但我已经听不到他在说什么。在珂坡瓦街上，一种新的恐惧感袭来。四周的声音开始失真，变成厚重的乌云，变成一种毫无意义的、疯狂的、令人费解的声音。

此刻我的脑子里只剩下排山倒海的咆哮声。我头昏脑胀，脑子里已容不下这团乌云，仿佛下一秒就要爆炸。然后我就会倒下，被所有人看到，就会有人指着我说："快看，她疯了，她不行了。"

我尖叫道："达雷，我受不了了！这些人让我抓狂，我受不了他们在周围，多一秒都不行，因为他们的存在，还有他们的声音。我快疯了！"

"来，坐下来喘口气，我们喝点东西。"

我并不想坐下来，也不想喝东西，只想找个地方躺下来，一个人待着。我只想休息。我很乏很累，就想好好地睡一觉，关掉已经停止抵抗的大脑。

安德烈：
"精神上的问题对我们造成的伤害只会更大"

遗憾的是，我没能和安德烈见上一面，因为他在一家海外著名公司担任重要职位，但我们很早之前就在完全不同的时间听说过对方。在我看来，他算得上是个幽默风趣、精神饱满的人，带着批判的眼光去看自己生活的环境和世界。他立场坚定，如果对方的意见有理有据，他也愿意倾听。他看上去思想开明，是个希望生活在一个进取的社会中的人。

当他愿意为这本书分享自己的经历时，我惊诧不已。他告诉我，从小时候起他就一直在和焦虑症做斗争。惊恐发作不算频繁，但每次都让人不愉快。他和他的父母都不知道到底是怎么回事，而且他们也没有过多为此担心，就连医生也没有特别地关注到他的焦虑症。他们用复合维生素 B 来打发他，向他保证他的问题只是一时的，而且从整体上来说，他的身体十分健康。心理医生给他做了各种各样的测试和治疗，也没发现什么异常，所以这些问题就成了安德烈以及他的生活态度的一部分。他将自己的焦虑内化了。

"关于我的焦虑症，我从来都不会说很多。对于我来说，医生不知道可能反而更好——如果他们知道了，很可能会让我使用抗抑郁药和镇静剂。但我患病已经太长时间了，这也很可能就是我现在想战胜我的问题却发现已经太难的原因。"

经历第一次严重的惊恐发作时，他不得不去急诊室，那是差不多四年前的事。"我有严重的眩晕症状（不是第一次）以及随之而来的其他所有焦虑症典型症状。我猜想是因为我总担心有不好的事会发生在我身上，所以才会焦虑。"在急诊室的时候，他们给他做了几项检查，结果显示没有任何异常，所以安德烈又去看了他的全科医生。她给他开了镇静剂、抗抑郁药和安眠药，诊断结果为焦虑抑郁症。

"我记得当时在某种程度上是松了口气的，因为眩晕症和其他症状的出现，我担心自己得了脑瘤或者其他什么不治之症，我的全科医生确诊了我真正的病症。我自己没有，而且从一开始也无法接受焦虑抑郁症这样的诊断。因为长期压力得不到疏解、生活态度畸形、接连境况不佳等这些问题的存在，我甚至都没有去接受的能力。因为当时对焦虑症一无所知，所以我整天都忧心忡忡。无知如我，却依然对服药抱有极度怀疑的态度，因为吃药也会有明显的副作用，而且在刚开始的三四个星期，吃了药我反而感觉更不好了。同时我也没有完全相信医生对我的诊断，因为我还是觉得自己很强壮，怎么也不会患上这种病。到头来却发现，自己已经无法自救，不得不向现实屈服，而去面对这一事实真的很难。"

安德烈提到，鉴于他的生活方式，患上焦虑症是迟早的事。"从这个角度来说，我会积极地看待我的问题，主要是因为它们给了我洗心革面、改掉所有坏习惯的机会。没错，这条路极其艰辛和漫长，但是大多数时候，所有的努力都会有丰厚的回报。"

他十分清楚对待焦虑采取什么样的态度有多重要。"要不是因为我是个乐观主义者，很可能就会对生活失去了热情；我会嗑药，会失望于命运如此残忍，会痴痴地等待一切好起来，然而这一天有可能永远也不会到来。"

安德里并不只是用药物来治疗，他还尝试了其他很多可能性，这些方法都是他从别人那里听到的，他感觉应该会有用。他认为心理治疗很有必要便试着去做了，因为他认为抗抑郁药只是表面上消除了症状，并没有从根本上解决问题。

"幸运的是，我有一些积蓄，所以还算负担得起。在治疗上投入了大量的精力，消磨了很多意志后，结果是显著的，我的情况改善了很多。我无意中发现了认知行为治疗这一方法，后来我发现，它对于日常处理更复杂的世俗难题也很有用。与此同时，我开始学习文献，主要是关于如何摆脱焦虑，如何放松身心，健康饮食，锻炼身体，佛教等。我的饮食习惯、睡眠模式以及对其他人和自己的态度都和以前完全不一样了，我还减少了必要的工作量，花更多的时间陪伴朋友家人，当然还有我自己，也拿出更多时间安排我自己的活动。我开始冥想，参加太极课，定期骑行或跑步，或者以其他方式进行锻炼。随后我又开始去上武术课，还有轻击法（情绪释放法）[2] 的课程。另外我还上了几节催眠课，也练习了自我催眠。

很多时候，是信仰在给我指引方向，曾经有一段时间我研究起了佛教，尽管我算不上一个真正意义上有宗教信仰的人，但我已经开始有所领悟了，我还尝试了一些替代药物。我所做的每一件事都在不同层面上对自己有所帮助，甚至到现在这种影响依然还在。最重要的是理解并接受你的问题，因为它们并不会消失。你需要学会的是不能害怕，因为你越是害怕，问题就变得越严重。而这种经历同样会给你提供认识并接纳自己的机会，从这个角度去想，还是很好很有意义的。"

借助这些技巧和方法，安德烈得以学会控制他的焦虑。他依旧记得他最无力的时候，当时几乎要了他的命，然而坚强执着如他从未屈服过。

"我的眩晕症和不稳定感之前（现在也）是我身上最严重的症状。它们将恐惧和过度关注转变为身体上的变化，黑暗的想法随之而来。之后不管我做什么，这种情况只会愈演愈烈，变得越发复杂，通常要想找到一个快速的解决办法是不可能的。我很幸运，因为我天生就是个战士，极其顽固又毅力非凡，所以我彻底绝望的时候很少，而且间隔也比较长。慢慢地，我又过腻了风平浪静的日子，但也总能凭着意力、精力和毅力去尝试一些新的事物，以让自己重拾信心。"

通过不懈的努力，以及尽可能少地摄入药物，很快便有了成效。安德烈承认，焦虑的各种症状经常会让他忘记目前所取得的所有进展，因为在这些时候，保持一个冷静的头脑是根本不可能的。

他通常会长期性地焦虑，最长一次达一个月。焦虑总是伴随着压力而来，后又慢慢地消失，但又很难预料它什么时候会再次发生。

听到这里，我心想我们的经历可能大同小异。安德烈的痛苦我完全懂，这已经不再是什么秘密。

"大部分时候，我把我的焦虑隐藏得很好，所以大家都没有察觉。"他换了个话题，"就算这个病让我变得很虚弱，我还是想过正常的生活。这对我的各种决定，还有我对其他人的态度都产生了影响。"

在安德烈努力想找到他患上焦虑和惊恐症的原因时，他提到了自己的童年和他的父亲。"我父亲把自己没能解决好的问题和他的完美主义一起传给了家人，而且是通过身体和语言暴力的方式。其造成的结果就是我对自己过于苛责，还养成了有害的生活方式。我很难让自己放松下来，所以经常会紧张不满，还强加给自己一些关于生活方式的严重错误的观念。如今我的想法当然已经和过去不同，但我也不愿意用"罪魁祸首"这样的字眼。除了前面说到的这些，我也生来就具备了很多美好的品质，这一点毋庸置疑，也很重要。"

安德烈说他不再只是活在怨恨和愤怒中。这样他才不会那么难受，才会轻松一些，也让他与别人（包括自己）的关系不再那么紧张。

他也不得不面对"四大问题"：压力、惊恐发作、倦怠和抑郁。过大的压力导致倦怠的产生和焦虑症的迸发——反过来引发了对焦虑本身的恐惧，后又将他推向黑暗和无助当中，最终走向抑郁。他告诉我，他属于内外向混合型人格，略向内向型倾斜。他喜欢自己一个人，也迫切地需要独处来调整好状态。他讨厌被人群和噪音包围，独处时却从不感觉无聊。

"但我还是喜欢和我信任、尊重的家人和朋友在一起的。为了朋友、家人，我愿意尽我所能做任何事。我努力避免所有消极的想法，相反我会试着集中精力去想发生在我身上的那些美好的事情，它们丰富了我的灵魂和内心。我常常会花时间去感谢每一个善待我的人。我原本以为道谢这件事于我而言没有任何困难，但有时把话说出来却并不容易，我为自己、为我的家人感到骄傲。"

他还认为我们的社会由于缺乏足够的理解，所以难以接受焦虑症的存在，同时他也承认，他自己也并没有达到足够包容的程度。

"每个人看别人身上的问题时都觉得很遥远，有时甚至会认为荒谬可笑，无关紧要。在某种程度上，这种现象情有可原，因为若非亲身经历，就永远不会对焦虑症有足够的了解。就算是在医学界，焦虑症的出现也还不到二十年。所以，我们通常要么就是把问题掩盖起来，要么就是以不恰当的方法去解决，我也在犯同样的错误。

我们常常将问题等同于软弱和无助，这是不对的。要想让我们承认自己出现了问题并进一步采取恰当的措施，真的是难上加难。用我的全科医生的话来总结就是："如果是胳膊断了，我们会觉得很正常，也容易接受，但如果是精神上出了问题了，却不愿意承认，然而精神上的问题对我们造成的伤害只会更大。"

2　情绪释放法。在情绪释放法治疗中，患者会一边轻敲"身体的经络末端"，一边集中精力于一个特定的问题。

焦虑，你是谁？

　　焦虑当然会削弱我们的力量。正是由于它的危害性，所以我们总是会收到需要尽快摆脱它的暗示。早在公元前 300 年前，古希腊哲学家伊壁鸠鲁就认为愉悦是至善。他认为，愉悦的最高物质形态是完全的健康，而其最高智力形态是不惧怕，不焦虑。

　　每个人或多或少地都容易受到焦虑的影响。随着研究的深入，我发现（尤其在美国）曾经有这样一种压倒性的观点：患焦虑症的人都是悲观主义者，他们会看到一些根本不存在的世俗的威胁，在他们眼中，世界是没有色彩的，所有经历都是消极的，他们自己永远都是受害者，而实际上，我们的世界多彩又美丽，并没有任何威胁。他们坚信有焦虑症的人生活在一个不真实的世界里，而这个世界与现实世界没有丝毫的联系。

　　然而不久之后，广告商却改变了这一论调，声称现实世界就是患焦虑症的人所看到的世界，但是我们可以借助抗焦虑的药物来改善它。这便是在范围更广、占据主导地位的社会背景下，人们对于焦虑的普遍看法，但这一看法的背后是制药业的利益所在。

在经历了这么多之后，我却认为，焦虑只是我们的身体在警告我们，它已经无法再应对我们的生活方式、情感历程、各种活动，也无法再帮助我们看透这个世界。它在警告我们，我们所走的路是不合适的，我们所过的生活并不是我们真正想要的，显然只是我们对现有因素和关系的妥协，并非我们真正所愿。因此，我们长期处于与自我的冲突之中，不满意，也不幸福。所以焦虑和惊恐发作便来提醒我们，我们并不开心，我们对自己步步紧逼，在某些时刻我们背叛了自己。我们压抑着内心的呐喊，忽略了自己的渴求和愿望，屈服于我们根本就不喜欢的事。

出于这个原因，我发现焦虑也是有积极的一面的，因为它迫使我们改变自己，改变自己包含一系列限制因素的生活方式，真正让我们有机会去改变我们的生活。我亲爱的读者，这便是我眼中的焦虑。

有些专家声称焦虑与创伤有关，他们推测焦虑是基于某个创伤性事件以及担心事件再次发生而产生的。创伤会毁坏你的身份感，要想恢复正常，不再恐惧，你必须直面它，再次经历它，要不然就只能尝试重建创伤最初产生的情境。有一种说法——与弗洛伊德学说有关——将焦虑看作人类处理创伤性记忆的一种方式。也就是说，所有受焦虑困扰的人都应该是在生命的某个时刻经历了某种创伤，这种创伤可能是死亡、离婚、产子、分手或者其他什么事情。我们各不相同，所以与创伤有关的经历和反应也不尽相同。面对父亲或者母亲去世，有些人可能一滴眼泪都挤不出来，而有些人却可能永远无法从痛失亲人中完全恢复过来。这一切都与我们对各种事件的反应、我们的情绪和我们的经历有关。

话说回来，我只是个外行，不是心理治疗师，也不是医生或者心理学家。我说的都是我认为重要的，分享的都是对我起到过帮助作用的思维角度。因为我们需要非常谨慎地考虑我们身上发生过的所有事情——而且很有可能仍在发生。

我们需要仔细审视到目前为止我们一直都在刻意避免的那些事情。我们必须重新阐释我们的本质，面对它，感受它。正是我们的潜意识——借助于焦虑——在警告我们，我们所拥有的生活并不是我们所想要的，也正是在这样的潜意识中，我们才能找到解决问题的方法。尽管有很多方式可以帮助一个人摆脱焦虑，但我们还是需要去处理上述问题。在我看来，有一点很关键，那就是我们将如何看待自己的所有经历。假如我们愿意在每一次的经历中发现其中积极的一面，那我们离成功也就不远了。

我们不会享受生活的原因有很多。首先，我们会觉得自己不够有钱、缺少爱、权力不够大、不太聪明或者不怎么漂亮。我们会在意别人对自己的评价和看法，以及——最重要的是——自己是否受欢迎。在这种想法的支配下，我们不会去做我们自己喜欢的事。我们相信，自己过得如何并不重要，总有种别人比自己重要的感觉。不管有什么好事发生在我们身上，我们总能说服自己好景不长——而不是去尽情享受，重温美好瞬间，庆祝所取得的成功。我们就是不会那么做，你有注意到吗？我们倾向于去关注我们认为负面的事物，然后一遍一遍地去想，永远没个头。有些人说他们担心被别人曝光，担心被别人发现因为能力不足无法胜任所做的工作。

焦虑总是与社会关系、近亲关系有关，然而一切都是在一个人对待自身的态度上建立起来的，这永远是首要的也是最重要的关系，也是人生中其他所有关系的基础。因此，焦虑总是在这种环境下产生，而最终造成的创伤又导致了焦虑的冒头；环境支撑着焦虑的发展，也善于维护它继续存在下去——除非我们决定战胜它。

　　一段关系的质量以及被他人接受的程度对于我们每个人来说都很重要。有很多现代通俗文学都在强调并推动个人主义的发展以及"不要在乎别人怎么想，做让你开心的事就好"这样的逻辑。这可能会让人感到困惑，我在其他地方读到这么一个说法：所有焦虑的人都希望重新定义自己的个性，希望能把自己从陈旧的、有害的桎梏中解脱出来，以一种更容易被他人和自己接受的新身份，开启一种新的生活。

　　我认为这种说法完全站得住脚。的确，我们需要摒弃所有陈旧的、有害的习惯。但我们同样需要认识到我们很好，我们一直都是美丽的存在，我们需要按照我们本来的样子来树立对自我的认知。一个人必须要看到自己的优点，然后也要接受自己的所有缺点——也许你并不喜欢，但如果讨厌到一定程度，便可能会。但是如果我们无法完全接纳自己，那这一切都将是徒劳。所有这些一直阻碍我们发展的情绪性障碍其实就是因为我们总认为自己不够好，没有用处，能力或智商不够。说到底，其实就是因为我们不够爱自己。

　　就我而言，我只能说是焦虑让我不得不扔掉所有的面具，我戴着它们本是为了把自己伪装起来，不受外界的伤害。自此一切不必要的事物都开始消失，而我终于能够看清自己到底是谁。焦虑迫使我关注自己的内心，也正是从这个意义上来说，我把焦虑当作一个受欢迎的访客——虽然我不希望任何人去经历它。

我曾经选择保持中立，为自己感到悲伤，唯恐自己要去面对当下的情况，重新思考自己的立场。在这么做的过程中，我才发现自己犯下很多错误，我从来都没有倾听过自己。我没有按照自己想要的方式去生活，至少没有保持下去。我屈从于他人，从来没有划定过自己的边界，一直都是以别人为先——从来都不会把自己放到第一位。就算需要否定自己的本质、灵魂和情感，我都要优先考虑别人，优先让别人满意。尽管如此，我也从来都没有想过要换一种身份；我想要的只是摆脱为了在这个竞争激烈、残酷无情（在我看来）的社会中生存下来而累加在自己身上的那些乱七八糟的东西。

压抑自己的情感是焦虑增长的关键。焦虑人群总是会压抑他们的愤怒、悲伤和不一致的意见，这让他们变得易怒、紧张、不安。感到焦虑的时候，一定要问自己：我这是怎么了，我在因为什么烦恼，我想要改变什么？为什么我会生气？为什么我会悲伤？当我们不再压抑自己的情感时，就会开始关心自己，开始设定边界。通过这种方式，我们可以在很大程度上减轻内心的紧张和冲突，这些是我们想要恢复正常所需要采取的基本步骤。

最后，更重要的一点：社会在不断变化，我们越来越难以跟上它的发展步伐。我们生活在持续的压力之下，从始至终，我们都得行动迅速、积极能干、超额完成任务；智慧和头脑占据了最重要的地位，除此之外的其他特质却常常被遗忘。然而在我们的头脑去努力迎合现今时代对我们的种种期望时，我们的身体却做出了反击。这就是为什么我们会被用力拉回平静自然的状态，回归我们的精神内核。人们希望生活的节奏慢下来，在压力和快乐之间获得更加和谐的平衡。而正是在焦虑的推动下，我们终于开始充实我们自身的力量。

爱情和焦虑

我一直都知道自己想要从伴侣那里得到什么，虽然并非每次都能如意。然而，毫无例外，我的几次爱情注定要让我从中学到些什么。

我有过几次还不错的恋爱经历，好的恋情让我进步，一旦我感到自己停滞不前了，这场关系也就走到尽头了。其中一次还谈了很久，而在那段时间里——我一直在寻找自己得焦虑症的原因——我从来没想过自己爱情生活的哪个方面会有多大问题，也没想过自己在恋爱中会有多么负面的情绪。

然而在经历了和孩子父亲彻底失败的婚姻后，我发现自己在感情上完全是一团糟。我甚至都认不出自己了，一切都面目全非。我人生中第一次尝试在心理治疗师的帮助下寻找一些问题的答案，而且每和治疗师见一次面，我似乎就能找到一个新的原因。还是那个问题：我是谁？这全部都是我吗？或者这只是存在于过往恋情中的我，而之后我会改头换面，变成另外一个人？

亲密的私人关系——主要指情侣关系——一般总能让你找准自己的位置，认清自己。要想更加了解自己，没有比建立亲密关系更好的方式了。和有些人在一起时，你会像恶魔一样发脾气，你甚至都不再认识自己了，尽管如此，你还是愿意把自己最好的一面都奉献出来。其实这些都还是你，只是相比其他特征，有些特征更令人难以接受而已，我就是这么过来的。在遇到孩子父亲之前，我一直过得很顺心、很轻松。我知道如何表达自己，也清楚自己的感受；我明白自己是谁，我在哪里结束，又在哪里开始。和他在一起后，一切都乱了；我不再能掌控我是谁，我在哪里结束，什么是对的，什么又不是。显然因为他，我的一部分自我触发了所有这些新的感觉，我就是这样被绊倒了。在和他相遇之前，我很稳定——或者至少我感觉是这样的。而相遇之后，我毫无稳定性可言，我被黑暗笼罩着。直到后来我才意识到这段关系是如何在一种众所周知的模式上准确击中我痛点和弱点的：它降落在到处都是被压抑的痛苦和折磨的肥沃的土地上——然后开出了花，而这对我的情感成长起到了很大作用。

我想这就是我早期惊恐发作的关键诱因之一，因为在和孩子的父亲分开之后，我就无法再与其他人建立正常的恋爱关系了。那时我不知道到底是怎么回事，但现在知道了，我当时是因为害怕。我害怕亲密的关系、害怕承诺，如果我遇到了一个有趣的人，我很快就会变得恐慌，而这种恐慌是以不确定性的形式出现的。

"爱情型焦虑"是常见的焦虑类型之一。一个很好的例子就是一个男人对一个女人产生了好感，并最终爱上了她——在这之后男人却突然消失了。女人完全不知道发生了什么——毕竟昨天他还在说遇见自己有多高兴。然而男人却有不同的想法：一个欲求的对象，长期不曾遇到，现在就在他眼前，而他就接受不了，所以他逃走了。一个没有焦虑症的人是不会逃走的，他会对合适的另一半卸下自己的防备，紧接着就会负责任地做出建立恋爱关系的决定，一旦下定了决心，双方便会在这份关系中彼此得到充实和提升。

在这一点上我又迷失了自我。一方面，我想和能让我进步成长，谈一次高质量恋爱的人建立亲密关系；另一方面，相处一段时间后，我总能搞砸一切。我似乎身处飓风之中，被搅动得翻来覆去。我不知道怎样停下来，冷静，深呼吸，找到自己的方向，计划后面的路怎么走。我拼命挣扎，如同飞蛾一般，向着一束光挥动着翅膀，却总是被窗户挡回。

我的心理治疗师认为对于刚刚一个经历了恋情终结、家庭破裂的人来说，所有这些都再正常不过了。我觉得不正常是因为我一直都不认为"有一个完整的家庭"对我来说有多么重要。我还发现，自己比想象中的要更情绪化。在完全理性的逻辑分析下，我推断出这样一个结论：我所经历的家庭破裂对我造成了心灵上的创伤，而这是最适宜滋生焦虑的温床。

一般而言，亲密的关系对我们的生活幸福程度有积极的影响——包括有焦虑症的人，因为在亲密关系中我们会得到更多的拥抱和身体接触。在我最艰难的时候，我真的渴望温暖的拥抱和爱抚；我当时笃定这些就是消除恐惧——莫名奇妙的恐惧——的良药。我本以为，如果有人紧紧地抱着我并对我说"一切都会好起来的"，我的焦虑就会烟消云散。不，实际更夸张，直觉告诉我，我需要一个拥抱来恢复正常，而事情也确实就这么发生了。

当一个拥抱消除了一次惊恐发作

一个给予充分理解的温暖的拥抱，再加上一次有力的抚触，一个了解并懂得处世之道的成熟的智者，没有比这更好的办法了。

有段时间我曾在电视台工作。离开前东家的时间刚刚好，因为那家公司已经开始走下坡路了，这又是一种压力。事情发生得非常快，而他们电视台又需要我。

我记得刚开始的时候我有很多想法和很强的创造力。然而大约一年之后，就有人认为我的工作态度妨碍到了他们，想毁掉我的生活。工作消耗了我很大的精力（虽然它是我活着的唯一支撑），除此之外，一些女同事也开始对我说三道四。

考虑到自己窘迫的处境——被生存的恐惧奴役着，这份工作丢不起，我别无选择，只能天天忍受着这样的折磨。我依然喜爱这份工作，但却也深陷泥潭奋力挣扎，因为我需要承受巨大的压力，而且大部分压力从一开始就十分隐秘，我竟没有丝毫的察觉。

之后我被调到另外一个部门，结果事情反而变得更不如人意。首先，由于我无法发挥出自己的创造性，所以这份新工作对我没有吸引力；其次，一切都混乱无比；工作安排没有任何的远见或者清晰的短期目标，虽然我不能在一份记者工作上寻求什么职业安全感，但这份工作还是让我感到不踏实。作为一个兼职员工，我的命运牢牢掌握在合同管理员的手中，刚开始签的是三个月，后来是六个月，最后才是一年，不能带薪休假——所劳即所得。病假完全没人休过，休病假就意味着要扣工资。

那时候，我确实极度需要来自男性的支持，我知道这听上去有多么匪夷所思，而我甚至觉得自己是个怪胎。说匪夷所思是因为我清楚地意识到，自己才是最应该爱自己、支持自己的那个人。我也从来不认为爱情是机械的——虽然它实际上也不完全是，更确切地说，它是对亲密关系的渴望，而我是第一次像把它当作救命稻草似的紧紧地抓住，这是那时又一件对我来说不同寻常的事。

"爱情能治愈一切。"我的一个治好精神问题的朋友前几年的时候对我说。我们正在野餐，她对我吐露了心声；尽管那时我已经认识她好几年了，但却完全不知道她的这些经历。当然，她是在听到我讲起自己的焦虑状态时才开口的，而我是在 2015 年开始向熟人和朋友透露我的情况的。

"那时我谈了一场很久的恋爱，但跟另一半之间有很多问题。我很沮丧，从此变得神经紧张，心理上承受着巨大的压力。之后我在工作上也力不从心，就这样工作也丢了。好几次我都试图自杀，最后不得不去进行康复治疗。"她回忆道。

"这是什么时候的事？"我问。

"十年前的事了。是我自己的爱救了我——爱自己，然后爱生活，信任并尊重身边的人。"

正如前文所说，我的愿望不久就实现了。我是在一次宴会上见到他的，我们相互讽刺挖苦讲了几个笑话，数量刚刚好，于是就这样攀谈了起来。那晚我发现，他竟然没有女朋友，这在我这个年纪是一件十分稀奇的事。我们又约会了几次，最后我终于得到了恋爱中都会有的拥抱。

我喜欢他的睿智、风趣、高尚，而且他有很高的觉悟（并不是新世纪语境下的"觉悟"）。他就是那种刚刚好的运动爱好者，总是在沉思和思考，又不失幽默感，跟他在一起我感到很放松。我默默地对自己说：生活总会在某个时刻给予你正好所需要的。从那以后，我过得开心了些。我们之间形成了一条真诚的纽带——两个人都有各自的工作和所热衷的事情，同时又懂得如何去享受彼此的陪伴。

我从没向他吐露过自己的问题，直到在他住处的那一夜。我在半夜醒来，身体开始颤抖，在床上辗转反侧。

"你怎么了，还好吗？"他问。

"不，我不好。"

"来，到我怀里来。"

我压制着焦虑，努力让自己平静下来。我集中精力去想：我很安全，一切都没问题，他在保护我。

长久以来我一直努力保持坚强，随之而来的压力和痛苦最终都化作了眼泪。在声泪俱下中，我向他和盘托出。我想这应该是我第一次因为焦虑而大哭。

我说的他都懂。他没被吓到，反而告诉我这很正常，每个人都会焦虑，一切都会好起来的，困难总会过去。他安慰我冷静下来，继续睡觉，他的这种反应让我感到安心。我感觉好多了——

尽管被这次惊恐发作吓得不轻，因为我意识到焦虑发生的地点已经从公共场合转移到了私人空间中。它再一次地扩大了自己的领域，并表现出了新的形式——当然，这是焦虑症的典型特征，但当时我还并不了解。肆意躺在他怀抱里的感觉很好，但我禁不住问自己，为什么和让自己有安全感的人在一起还会焦虑呢？又为什么发生在他的住处？我开始担心对我来说，真正的安全感已经不复存在了。

现在我明白了：我在试图逃避自己的焦虑，我没有做好应对的准备，这就是它愈加坚持不懈地想诱使我陷入如此艰难境地的原因。

带着新认知的一段爱情

时间一天天过去。和托马斯在一起的时候，我们从未再提起过这件事，但我知道他在等我解释，而且我确信他是支持我的。没有拿一些唐突的问题来追问我，便是他表明态度的方式——他并不认为我的焦虑是什么大问题，总体而言，他不是容易惊慌的人，他很冷静。

在托马斯家经历了一次焦虑的发作后，接下来的一段时间风平浪静。和托马斯在一起打开了一个新的天地，我曾经经历过，但之后却忽略了。我们相处时，很多时间都是在聊天——每次都会聊上好几个小时、听音乐会、看电影、读书，讨论与未来相关的某些话题。比如，如何让世界变得更好，如何常常感恩等等。我们之间的关系张弛有度，充满了乐趣和惊喜；除此以外，我们通过参加很多体育活动、到大自然去旅行来充实我们自己，而这恰好有助于我的恢复。即便是在上班的时候，我也感觉自己变得更强大了；回到家，托马斯会帮我出主意，教我如何应对那些说三道四摧残我的同事。

这个男人能让我冷静下来，然后惊恐发作自己就消失了。显然我比之前更有安全感，我把他当作跟自己一路的人；尽管他在信仰的意义方面有自己未解决的问题，但他知道如何将这些问题引向正确的方向，每天他都在努力做一个更好的自己。他会有意地远离物质主义；在很多方面，他都尽可能地避免追随潮流。他有一份很棒的工作，薪水很高，但他从来不会自吹自擂。他是艺术家，是音乐和文字的大师，他更倾向于去创造。他有把吉他，也会即兴创作，我们因此度过了很多个让人难以忘怀的夜晚。他向我的生命中注入了某种积极的、讽刺的自嘲精神，因为有这种精神的存在，一方面他十分清楚我们所生活的体系实际有多么可悲，另一方面他又看得见生活的美妙而依然乐于去享受其中。

他的积极确实感染到了我，最后我的生活态度也变得和他一样。我一直都知道自己内心秉持着这样的态度，但一路走来，在越来越多的问题之中，我迷失了自我。

所以在那段日子里，我一切正常，而且因为成功克服了惊恐发作，我决定为国家电视台的中央杂志节目准备一期关于惊恐发作的节目。我想在采访专家的同时检测自己的感受，而且这也是拓宽交际圈的一个机会，我可以认识到更多有焦虑症、经历过惊恐发作的人，或者受到其他任何形式的焦虑——通常都会包含前面两种症状——困扰的人。这里主要指导致一个人无法与他人保持联系，与他人疏离，最后与世隔绝的那种社交恐惧。也指陌生环境恐惧症，表现为再也不敢离家半步，退缩到孤独的盔甲里。在我认为自己已经战胜了典型的惊恐发作后，又患上了上述两种症状。

我无法准确估计这一平静期持续了多久，但肯定至少有一年。

说实话，就算是在这段时间，每当必须要为自己挺身而出或者划清界限，每当面对这样令人不快的情况时，我依然会时不时地感到不安、易怒和压力。如果是要见人，不管是工作上的，还是生活上的，我都会考虑再三。这表明我已经开始疏远人了，对此我感到很不习惯，因为以前从来没有在结交朋友这件事上遇到过任何问题。

假如仔细回想一下的话，写到这里时，更多的记忆浮现了出来——在做记者期间，和其中一些人我合作得并不愉快。因为焦虑的原因，我变得更敏感脆弱，如果有人撒谎，或者试图掩饰什么，我会立即察觉出来。我还会第一时间感受到一些人的负能量，他们会不太配合，不太好采访，也不好合作。不，我需要重新措辞。我一直都有敏锐的直觉，但却常常把它踩在脚下，赶它走，让它安静。我从来都不会倾听它的声音，从来不会尊重它。我不喜欢自己内在的核心和本质，因为我害怕被拒绝。

托马斯在这方面对我帮助很大，因为我们经常在家里讨论，我开始能够消化这些新发现。如果说我之前随时准备着忍受任何事情，最后这种情况终于开始有所改变，我很快意识到谁属于哪里。我甚至变得更敏感小心了，如果你懂我的意思的话。

一丝希望

"惊恐发作？这是焦虑症。完全可以治愈，不必担心。"我为电视节目而采访的治疗师在开机后对我说道。

这是我第一次从专家那里听到较为轻松的说法，第一次对方是笑着说的，好像在告诉我这没什么大不了的。而就是从此刻起，真正的转变发生了。从那以后，我对焦虑症和惊恐发作的看法变得轻松了许多。

"我还以为你的问题有多严重呢。"她继续说道，然后笑了笑。

简直了，就是这句话！瞬间我感觉好了很多。我的血液循环开始加快，我的心态得到了纠正，感到一身轻松。她的话立马奏效了，多亏了她，因为焦虑而产生的过多恐惧至少消除了一大半，就在一瞬间！所以，焦虑其实没有那么可怕。

"如果你愿意的话，我完全可以收你做我的病人，交给我们。"

我感到些许尴尬，因为我的摄像和助理在此期间一直站在我旁边，我不敢让他们出去。我本想跟这位治疗师借一步说话的……又或者同事只是我在一位专家面前借以逃避自己问题的借口，哪怕是再拖延一小会儿的时间。不管怎样，我和这位治疗师约定，我会开始参加她为焦虑症人群开设的工作组。

与此同时，工作上的事情开始变得紧张起来。这里的工作方式、人际关系以及毫无前景的现状，全都让我倍感悲哀，极大地加重了我的压力和恐惧。我热血沸腾，一心想直奔我的老板们那里，训斥他们一通，但是内心又有个声音不断地在说服我：不，不，你怎么能这么做，现在没有什么工作机会，而且你一个人带着女儿，你会丢掉工作、会破产，所以继续忍耐吧。

如今，我意识到无论当时怎么做决定都不会有好结果。公司不会有任何改变，只能我离开，因为这里的环境对于我来说并不合适。在这种环境下，我的潜意识行为将我推向深渊，虽然我能感知到，但是却无力阻止。我依然努力维持在自己的舒适范围内，并说服自己任何改变都会带来巨大的压力。

我的上司其实很清楚办公室里的这些事，但他却从来不曾为我挺身而出，这一点让我很恼火。根据我之后的了解，他甚至都知道我不是办公室排挤的唯一受害者。刚开始的时候，我们相处得很愉快，我工作完成得很出色，他也赞赏有加，然而当那个人又对我施加压力时，一切开始崩塌。我尽全力抗争，但他最后却告诉我的同事，他要么会开除我，要么会开除折磨我的那个女人——但他又十分清楚她不会是被炒鱿鱼的那个，这让我很受伤。在那以后，我时常活在恐惧和压力之中。

我不觉得他是个坏人，因为他确实给了我一个机会。实际上，从某种程度上来说，我是喜欢他的，我甚至能理解他不站出来维护我这一选择，因为这将意味着办公室会爆发一场战争。他决定不拿其他无关人员的利益冒险，但是由于我的正义感和公正感极强，所以我还是视这种行为为背叛，这样做就好比是邪恶战胜了正义。除此之外，我还发现尽管自己已经尽力去接受每个人都有我不了解的隐情这一事实，但还是很难理解有些人居然没有胆量站出来伸张正义。因此，我尽力让自己不去责怪任何人。

即便如此，在潜意识中，我还是没放过这位老板，我不断地恳求他了解我的情况，为我主持公道。我错了，我早就该知道，不论这样做有多么合情合理，他都没有心思去这么做。

很快他们重新安排了我的职位和工作，所以我不得不更加拼命地去干，情况也变得越来越混乱，而且他们对我的一个同事也采取了同样的措施，这一次我彻底被打败了。然而直到今天，我对那位老板是抱有一些感激的，因为他当时的作为激发了我，让我去改变自己，让自己变得更好。我甚至对当时排挤自己的同事还心存一分谢意。虽然她一天到晚不干正事，只是一心折磨我，但对我生活质量的提高还是起到了一点作用。

玛　雅：
"我需要把自己放在第一位，爱自己"

在我女儿直接强迫我从动物收容所领养一只狗后，我就这么变成了一个遛狗的人。当然，前提是我们的狗还想出去遛，我不懂为什么它突然开始抗拒出去了。它也不是害怕，就是很顽固，很明显就是这样。而在我见到玛雅的那天，我女儿的狗米拉通过四脚不停地刨土来表示它的抗拒。

在玛雅出来遛她的两只狗之前，我就已经注意到她好几次了。她相貌出众，但同时又冷漠，难以接近。她很特别，这一点我敢肯定，她和别人不一样。她的确引起了我的兴趣，我一直都想试着跟她说上话，但却畏首畏尾——我担心她不喜欢被陌生人搭讪。

这一次，米拉尤其不听话。不管是温柔地呼唤，还是严厉地威胁，它都不为所动。它决定不走了，就是这样。

我注意到这位迷人的女士从远处向我走来。

"嗨，小狗好可爱。"她微笑着说，脸上的表情和我们之前散步时所观察到的完全不一样。"刚来，是吗？"

"对，它是刚来，但脾气真的很倔。"我回答道。

看到她的几只狗，米拉终于开始动弹了，看来是被它们给带动起来了，而另一边，我和玛雅也开始聊了起来。我们一见如故，我记得我们彼此吐露了自己的焦虑问题，而这时我们才刚聊了不到十分钟。

"我不知道到底怎么回事，但这次我真的是病了，工作也力不从心。我浑身都很疼，所有能做的检查都做了，当然，依然没找到原因。"

"焦虑症？"我问她。

"对，很可能。"她试探性地回答道。

"太巧了，"我说，"我们是怎么能找到彼此的？"

我向她解释，一个月前我在脸书上发帖寻找有焦虑症的人，因为我决定为我们这样的人写一本书，把所有人的故事都写进去，就这样玛雅出现在了这本书里。

一年前玛雅开始有焦虑的症状，那时她不清楚到底是什么导致的，但肯定和过去发生的事以及她从未如愿过的生活有关。一切发生得如此突然，没有一点征兆。

"我会胸疼，就在心脏周围，好像被人捅了一刀似的。我呼吸困难，疼痛难耐。原本我以为自己犯了心脏病什么的，就叫了救护车。医生告诉我心脏病是怎样的疼痛，和我的疼痛完全不一样，我这样很可能是因为胸部肌肉伸张过度。不久之后，痛感消失了。"

然而大概六个月前，她又发作了一次。"疼起来就好像有人在挤压我的肺似的。"除此之外，她还觉得很累，但是在短暂休息和做完按摩之后，一切又都很快消失了。

"一个月之前，我又发作了一次。那次是一点力气都没有了，每一块肌肉、每一根骨头都在痛，晚上还总是无端醒来。容易犯困，可以整天整天地睡。无精打采，上班回来就得立马睡觉。心脏疼，左胳膊发麻，稍微活动一下就上气不接下气，另外还肚子疼。我笃定自己得了很重的病，因为我的身体机能已经无法正常运转了。我去看医生，医生把我介绍给了一些专家。他们做了很多项检查，最后发现没有什么实质性问题需要解决，因为我的所有检查结果都显示正常。"

医生又建议，如果问题还是没得到解决，就去看神经科医生，还推荐玛雅再做几项检查——有几项直到现在她还在等着做，但同时医生也暗示她这样是"倦怠"的症状。

"她让我做了几份问卷，和我说话时非常注意。我当时坚信我的问题本质上还是生理问题，最终他们一定会在我身上发现什么危及生命的病症，但是我朋友认为这完全就是心理问题，他惊恐发作的时候跟我的症状很相似。"

在一次长时间的谈话中，她的朋友向她坦述了自己的问题：惊恐发作和强迫症。

"那是我第一次从这样的角度来看我的处境，也是我第一次意识到，我遇到问题的时机正好是一切都在分崩离析的时候，但最重要的是，我对我的生活也不满意。即便如此，我的身体也不应该出现各种各样的不适啊。"

在一次问诊中，玛雅的医生向她解释，她可能是倦怠、惊恐发作或者轻型抑郁。医生还建议口服一些药性温和的药，玛雅拒绝了。她还劝玛雅去看心理治疗师，再做一些检查，确保没有遗漏的地方，玛雅觉得她特别善解人意。

"目前我还处于接受阶段。我读了些相关的书，但看得越多，自身就会越焦虑。"

玛雅的问题我是这么看的。最初对她造成的冲击正在减弱，她已经开始慢慢地意识到她的问题本质上是精神上的问题。

和其他所有人一样，她的焦虑随着时间的增长而变得越来越严重。对于玛雅来说，每当她想到让自己不开心的事情，情况就会变得尤其糟糕。

"每当我想到这些事情时，焦虑和痛苦的感觉就会慢慢浮现，再慢慢累积，直到引发一场惊恐发作，甚至是一次更痛苦的经历。在很多个夜晚，只有枕下放着一颗阿司匹林我才能入睡，同时我还吞了很多药片，最难忍的是那种绝望和恐惧的感觉。我当时坚信自己就要不久于人世了——就算不是马上，但也会很快，因为我会突发心脏病，而且身边没人来救我。但是在惊恐发作过去之后，我告诉自己：'好，你又挺过了一次；对，这次不是心脏病发作，但是还会有下次，而那次，一定会是你的最后一次。'"

玛雅拒绝了药物治疗，她的母亲和姐姐给予了她莫大的支持，因此她对她们感激不尽。她那位经历与她相似的朋友也是如此，每当她在与自己的恐惧做抗争，但又找不到方法或力量时，他都会站在她这边，为她提供无私的帮助。

"同时，我还寻求了一位自然理疗师的帮助，我能变回当初的自己，他起到了重要的作用。"我读了查尔斯·H.艾略特博士和劳拉·L.史密斯博士写的《克服焦虑指南》，在这本书里我找到了很多有用的建议。我花了大量的时间和自然以及动物相处，只有这样我才能放松下来。"

玛雅只和家人以及信任的朋友交流她的焦虑症，她没有告诉其他人的原因是她相信没人会理解她。在承认自己遇到了问题之后，她没有那么痛苦了，尤其是她感觉自己开始被人理解了。

　　"我想知道究竟是什么导致我的生活被焦虑攻克的。肯定与一系列不幸事件的发生有关系，还有我的性格和儿时的经历，这个问题很难回答。我的生活方式，完美主义，无时无刻不存在的悲观主义，对自己的不信任，想证明自己和想要被爱的欲望，挚爱的失去，对自己所取得成绩的不满，孤独。而就在最近，我所相信的一切，所寄予希望的一切，所盼望的一切——就那样轻而易举地崩塌了。"

　　那她的童年是怎样的呢？

　　"有很多事我都想不起来了。我和姐姐，我们总是需要做到完美。我的母亲在国外工作，所以我没见过她，除了我父亲之外，还有其他人来照顾我们。我们生活在一个'团体'当中，必须严格遵循它的规矩。我父母离婚的时候我才十几岁。除了在很小的时候，我父亲从来都不知道如何表达或者告诉我我对他有多重要，以及我值得获得他的爱。我的母亲还在不断积极地尝试弥补她不在的那些年的亏欠，但父亲那边我已经基本失去了联系，他有了新的家庭。对于我现在的情况，他一无所知。"

　　玛雅称自己为完美主义者。无论是对自己，还是对其他人，她总是抱有很高的期望，而且对自己从来都没有真正满意过。

　　"其他人经常指责我把事情搞复杂了，我的第一反应通常都是在自己身上找问题。我不知道怎样去奖励自己，不知道为自己感到骄傲，不知道怎样去尊重自己。我认为自己能力不足——要不是这样的话，我也不会是现在的位置，我也不喜欢自己的身体。和陌生人在一起的时候，我是出了名的拘谨和矜持；我内心是恐惧的，外表却很冷漠。我发现，要想信任别人太难了。然而，一旦我接受了某个人，就会太急于敞开心扉，也就容易受伤。在公共场合、考试和求职面试时，我倾向于'冻结'自己，表现出一副不好惹的样子。"

玛雅如此强烈的负面情绪也让我很吃惊，因为在我看来，她聪明漂亮，风趣幽默，而且最重要的是很有才华。就像我前面讲的，她很特别。

玛雅36岁，在讨论感情问题的时候，我们得出了一样的结论：我们两个都没有绝望到没有男人愿意要我们的程度，但我们又都是单身。当被问到是否有发现自己迄今为止的几段感情呈现出一定的模式时，玛雅猛地一跳。

"哈！到目前为止，我谈的所有恋爱都是一样的模式。我毫无保留地投入到这段感情中，也期望从对方那里得到同样的回报。然而一段时间过后，他们每一个人都不再尊重我、爱我，都会给我一种我不值得被爱，不够好的感觉。在通常情况下，周围就会出现一个比我'更好'的女人。"

玛雅告诉我她有多追求完美，所以一开始就不愿意在感情中设限，对于自己介意的事也不会全都指出，因为她不想对每一件琐碎的小事指手画脚。然而久而久之，她的不满逐渐累积，直到最后终于承受不住突然爆发，而这时她的另一半通常意识不到，这次的爆发其实已经酝酿了很久。"但我不喜欢吵架，我总是想通过和平的方式来解决冲突。"

她通常都会在对方有机会离开她之前自己先行离开。"没过多久，他们就开始意识到我有多好，想让我回到他们身边，但在我心里已经翻篇了。"

　　我们的社会在焦虑这一问题上过于保守，尤其是在职场，玛雅对此深信不疑。虽然她也遇到过能理解自己的人，但是自己有焦虑症这个秘密，她还是没有勇气说出来。在工作中，同事也都对焦虑症不甚了解，为此她向我保证，她也没想改变这种状况。那时，她自己正忙着制订可以用来系统地战胜焦虑的策略。

　　"我想尽快摆脱这个恶性循环。"她总结道。令我吃惊的是，她居然得出和我——以及所有我目前遇到的"一路"人——一样的结论："我得把自己放在第一位，最重要的就是要开始爱自己。然而很遗憾，我还没能在日常生活中找到具体的实践方法，在现实生活中，你就是做不到总把自己放在第一位，始终关爱自己。"

情况恶化的转折点

托马斯和我分手的原因是我没有能力维持一段长久的关系，主要是我有很多问题需要自己来解决。在我们恋情刚开始的时候我就预料到了这一点，但我还是希望我们两个能成功。我不能把自己的问题带到我们的关系当中来解决，因为这些问题与他无关。这些是我的问题，不是他的。又或者这只是个借口，我自己也不知道，但我知道事情就是这么发生的。我们两个人都难以应付，而随着时间的推移，我不断地想起他，并且问自己为什么会让这么好的一个人离开，我责怪自己把事情搞砸了。但回想当时，如果我们确实是彼此命中注定的，那今天他应该还在我身边，对这一点我十分确定。

再一次，我的日子变得更加难过，因为我失去了一个好朋友，好伙伴，"一个族人"和理解我的人。反而我在工作上投入了更多的精力，工作一直都能让我逃避问题，逃避面对自己。

但尽管如此，有些事情还是变了。我对工作的热爱向我的恐惧做出了让步，而这种恐惧不断地将我推向疲惫，压力和精力一点一点丧失，而这一点我最初都没有发现。我变得越来越敏感易怒，大多发生我在家的时候，因为我在家停留的时间少，而且就算我在，也只是想好好睡个觉，不被人打扰。我记得有一次周末晚上九点我就在沙发上睡着了，那天我女儿跟她爸爸在一起，我连爬到床上的力气都没有。周末也不例外，我会在周六躺上一天，但每天要花一小时来运动，这一点我依然坚持着。尽管已经疲惫不堪，气力全无，但我还是不想丢掉这个习惯。

很快，我的疲惫达到了一定程度，去圣玛丽山[3]是我坚持最久的运动路线，一周会去上四次，我甚至都不再想着要去那里了。我发觉自己需要彻底改变一贯的生活方式，不能再这么下去了。我的朋友们之前提醒我小心会变得倦怠，我开始明白他们的用意。我这样怎么可能不倦怠？事态早已不在我的控制范围之内了。

出外景，也就是拍摄电视新闻报道，变成了我痛苦的来源。到现在为止我都还没在这项工作中体验到快乐，就像我之前那样。每日报道是每个月两周的播出频率，在准备这个节目的时候，我为做周刊节目制作的未来两周的整个计划就会打水漂。我就像一个网球，在墙上弹来弹去，一分钟都停不下来，没有机会去审视自己当前的处境。

做每日新闻报道和做周刊不一样。每日报道的创作空间比较小，所以最后的出片质量比较低劣，而且这份工作也没有任何前景可言。我需要的专业知识、培训学习以及能带领我们完成工作流程的专家一概都没有，至少我当时是这么看的。任何事我都得去争取：好的被访者，校对人员，剪辑时间，编辑——总的来说，我承受了无穷无尽的压力。巧妇难为无米之炊，能扎实做出点成果来就已经很了不起了。因为我没有任何进步，所以一切都变得越来越没有意义。为什么我还要为此苦恼？为了完成一篇报道而需要去走的每一步都对我提出了某种程度的侵略性的要求。

不，这不是我想要的。在这样一个不良的环境里，没有什么值得让我留下来——除了这份工资，正是因为如此，我才能坚持下来，但它同时也像最恶劣的继母一样，肆意践踏着我的身心健康。我并没有再以争抢和竞争的态度来完成目标，转而开始追求和谐、发展、良好的协作、创新的氛围以及和平。所以我开始在电视台寻找新的工作——寻找一个能到其他编辑部门工作的机会。这份工作在本质上我是喜欢的，我相信如果能成功转到另外一个部门，自己会适应很多。

后来终于出现了一个机会，我可以到教育节目去试试运气，那边的压力会小很多。

这次要从吃午饭的单位餐厅说起。我和新同事一起坐下，她们一般都会吐槽工作流程和人际关系。刚开始我还试图保持积极的心态，但没过多久，负能量也找上了我。我无意怪她们——毕竟她们完全有权利去抱怨，但是这份新工作我才刚开始做，对于能够继续从事新闻业，我还是很开心的。我也为她们感到可惜，因为她们都是很酷的女孩子。但是考虑到我当时的心理状态，这些负能量对我来说还是太多了，所以我投降了。这种压力我实在忍受不了了，所谓的"战或逃"的选择再次摆在我的面前。不会又要发作吧，我想。拜托，别再发作了，我承受不住了，别是现在啊，在同事们面前。

当然，我的大脑直接忽略了我此刻的心声。扁桃体已经完成了它的"工作"，皮质醇水平正在上升。

"达玛娜，你还好吗？"最细心的一位同事问道。

"不，我不好，我需要去一下洗手间。"我咕哝着，试图悄悄地离开餐桌。

一进洗手间我立马就放松了下来。我大口地喘着气，像刚跑完一场马拉松。一瞬间我再次发现自己处于被恐惧统治的黑暗之中，是的，这就是黑暗的一面。欢迎来到黑暗面，达玛娜，我朋友卓尔的声音在我耳边响起——我之前跟她聊过我的问题。

从那天起，餐厅能不去我就不去。但是我总得吃东西，而且我一直也不想去其他地方——也是因为其他地方要贵很多，所以我不得偶尔去餐厅吃一次。每次去的时候我都会头晕，呼吸困难，而且身体忽冷忽热。吃饭的时候，任何人的靠近对于我而言都是难以承受的负担。所以我要么就自己吃，要么就带回办公室吃。一直到几个月后，我才克服自己的焦虑，不再害怕去那家餐厅。再加上在那期间所发生的其他糟心事，那几个月我像是在地狱中度过一样。

有个精神科医生曾经告诉我焦虑很狡猾。它会模仿其他症状：一旦你已经克服了其中的一种形式，它就会找到另一种形式来显现。所以当你成功地在一种特定的环境或形式中战胜了焦虑，以为它不会再突然出现，其实它会扩展至一个全新的范围。

事实证明的确如此。

3 Smarnagora，也叫圣玛丽山，是卢布尔雅那北边的一座孤山。它是这座城市里最高的山峰，也是徒步旅行的一个热门目的地。

当你确定自己要崩溃的时候

我又过了段既没有焦虑，也没有惊恐发作的日子。暴风雨到来之前的宁静，有种解脱的感觉。然而每当我以为已经永远摆脱它的时候，却总会再遭受一次打击。

我的工作环境依然压力很大，大到我甚至都察觉不到了，我的亲朋好友一直在劝我不要给自己太大压力。他们都有稳定的工作，平和的工作环境，甚至时不时出个差都有补助。对于我来说，这简直难以想象。然而有时我也能打起精神去看场电影，或者一个人看书，要么就只是单纯地想一些事情。

那天晚上，我在家里，女儿在他爸爸那里。我正在看电影，尽管一如既往地疲惫，但我还是特意打算花点时间娱乐一下。然后突然之间，我又被强行拉入一片未知的领域。我能真切地感受到我的大脑，觉得它活动得太快了，导致我都跟不上自己的想法，几乎都要控制不住自己了。我还在皮肤上感受到了这种大脑的活动，皮肤也开始绷紧。随之而来的一股压力试图闯入我的脑中，说服我相信自己没办法去克服。"我要崩溃了。"我大声说道。"就是这个时候，"我不停地告诉自己，"你就是这么崩溃的，这就是你崩溃时的感觉。"

我当时想，这下完了。我从没经历过这种非人的折磨，我有种强烈的欲望，想要这种痛苦立刻减轻。我的大脑飞速运转，疯狂地想找到解决办法。如果打一针能麻痹我的大脑，我绝对不会有半点的犹豫，因为我实在是受不了了。

我竭尽全力去盯着电视屏幕，希望正在播放的电影能够转移我的注意力，但事与愿违。很可能是因为那时我还惊魂未定，而且这次发作还没结束，我还没缓过来。"我不行了，要崩溃了。"我一遍又一遍地自言自语。

我想到过打电话给谁来把我带到医院，但最后还是因为觉得太羞愧、太害怕而没打。他们会怎么想我？我不停地说服自己。而这也意味着，就在此时，这次发作已经减轻了。当你能重新思考出更合理、更深层次的结论，并且还能加以论证时，就能知道情况已经开始好转了。一旦可以开始理性地思考，就说明一次发作最难熬的时候已经过去了，因为在发作高潮期间，是不可能清晰地思考的。

这次惊恐发作是迄今为止最严重的一次，我也不想有任何人去经历。我又去鬼门关走了一遭，这么想其实很恐怖。跟以前一样，还是像被彻底的空虚包围着。

在家的时候惊恐发作变得越来越频繁，家里便成了焦虑转移的下一个地方。毕竟家是安全和稳定的代名词——我家也不例外，所以我不会再遭受更大的打击。

在家人面前我也开始出现了焦虑的症状。父母在我眼里变成了妨碍，姐姐我也一直在躲着。每次她来我家喝咖啡，我就会焦虑。只有在女儿身边，我才从来都没惊恐发作或者焦虑过。

　　焦虑将它的触角延伸到了床上，在我睡觉的时候也开始出现惊恐发作的情况。我经常会在半夜醒来，感觉脊柱和后脑勺烧得发烫，我一度以为它们会被烧坏。有那么两次，情况恶化到我以为又要失控崩溃，但那时我已经知道这种要崩溃的错觉最终会慢慢消失。

　　在那以后，我又过了一段没有惊恐发作的日子，终于过上了平静的生活。在此期间，我完全忘了焦虑的狡猾，忽视了它一直在寻找新的症状和地方来攻克。我不想去看精神医生，因为我不想吃药。然而，这样做显然只是在拖延，总有一天我还是要去面对，去接受患有焦虑症的自己。

迫使我开启新生活的那次惊恐发作

不过好景总是不长——除了跟托马斯在一起的时候——因为不管身边发生什么事，我都会选择拖延处理。大部分是来自工作的压力，而且很快会变成一个恶性循环，除非你真正停下来，暂时忘掉其他所有事情，开始关注你自己，否则你逃不掉。然而我却没有时间去这样做。确实没有，直到我遭遇了一次足以让我开启新生活的那次惊恐发作。实际上是两次。

第一次发生在我和摄像以及他的助手一起驱车前往马里博尔[4]，到那里去拍摄报道一个蒙冤并且需要帮助的家庭。在去特洛加内[5]的路上，我就已经出现了两次严重的反胃症状；我感觉自己马上就要吐了，所以请我的同事们停下了车。我把反胃归咎于前天晚上睡眠不足4小时所导致的疲劳。

在特洛加内的宾馆，一切都让我心烦意乱——大声谈论的人，甚至是摄像的帮助。我只想让所有人都不要管我，让我一个人清静。

在当我们围坐在桌前时，我努力掩饰着自己的焦虑。虽然已经尽力参与到大家的对话中，假装什么事都没发生，但摄像和助理的声音还是让我感到紧张。我止不住地担心，要是我告诉他们我做不到，我们应该返回卢布尔雅那[6]，再选个其他时间去报道，他们会怎么想。我还担心如果我浪费了一天的拍摄——就像公司那个排挤我的人总爱强调的那样，"贵到离谱"——那个在公司排挤我的人又会作何反应，而要是我出去外拍却什么都没带回来会有什么后果。但是无论如何，我都感觉自己坚持不下去了，我又恐惧又沮丧。

"如果我们返回卢布尔雅那，你们会不会生气？"我问道。

"不，不会。你怎么了，还是不舒服吗？"

"是的，而且没有变好的迹象。实际上变得越来越严重了，所以我只想去床上躺着。我昨天睡得很晚，也喝了点威士忌。"我撒谎说道。

"哦，"年轻一些的那位同事意味深长地看着我说，"那难怪。"

那一刻我有点后悔，因为我意识到这么说回单位后可能会对我不利——我又有一件新的麻烦事要去担心了。

但我真的是做不了了。我把这次拍摄推迟到了下周，而我们帮助那个家庭的报道在两周后才播出。

第二次发作时我正在做一个相对简单一些的报道。采访对象都在卢布尔雅那，采访地点也都很方便过去。要报道的是几家连锁超市，调查它们进货的渠道，如何储存货物，以及对货物品质重要性的认识。

我们在拍摄时，这家购物中心的女公关也在现场，她不停地插话，原本简简单单的事情被她搞得复杂起来。被采访者告诉我的每句话她都想听，都想知道，好像她自己连两句完整的话都说不了似的，我当时就是这么看她的。但摄像一开机，告诉我开拍了，我的情绪就平复了。"那么，你们的供货渠道是什么？"开场我问得相当冷静。

"我得说，在我们的店里，我们会尽力为顾客提供最好的货品……"

然后我就没法继续采访下去了。我竭力阻止这次发作，但它一次又一次地袭来，丝毫没有停止的意思，我就是抵抗不了，我不得不投降。我请摄像关掉了摄像机——在新闻业，这样做是极端无礼、不可接受的，而且在我从业15年的时间里，我也从来没有这么做过，然后说："我需要去查一点东西，马上回来。"然后我就走掉了。

你都做了些什么？你疯了吗？这下真的很明显了。你怎么回事？为什么非要在这里，非要是现在？什么时候能停下来？我累了，坚持不下去了。我不停地听到自己的这些想法。我出去是为了透透气，我必须得一个人静静，重新振作起来。要是有人把今天发生的事报告给哪个编辑，后果我可承担不起。但另一方面，我又渐渐地变得不在乎了，因为我所有的精力都已经耗尽了。

我还是设法完成了这次采访，但我们还得前往卢布尔雅那的另一家超市，而在赶去那边的路上我备受折磨。焦虑以恐惧为能量不断壮大着自己的威力，而我已经虚弱到无法抵挡。

"达玛娜，你还好吗？"摄像在停车前问我。

我没有办法再撒谎，再掩饰了。

"我真的很难受。我不知道自己怎么了，也不知道自己还能不能再接着拍。"我回答道。这么说就意味着我承认自己有些事情做不了——这次是完成电视报道——我遭受到了沉重的打击。我正式成为无能的人了，我想这下完了。

尽管如此，我还是坚持停好车，去完成拍摄任务，然而我一下车，就感觉到一阵眩晕，差点儿当场晕倒。

"我说，你真的应该回家，你状态很明显不太好。"摄像好心建议道。

我知道他是对的。但因为他大声说了出来，所以我的惊恐发作和焦虑反而加重了。我开始担心自己晕倒，也担心自己难堪。电视台的所有人都会知道我晕倒了，天知道会有什么故事被编造出来。

我不知道自己做了什么，但是五分钟后，我们已经在回电视台的路上了，我已经没有力气去担心今天的报道晚上没法按时播出了，我已经没有力气去担心任何事和任何人了。

慢慢地，我内心开始有这么一个声音：这份工作我已经做不了了。同时，我的上级也开始这么认为，这就是结束的开始。

4　马里博尔拥有人口 9.6 万，是斯洛文尼亚第二大城市，也是传统地区施蒂利亚最大的城市（斯洛文尼亚语：Stajerska）。

5　距卢布尔雅那东北方向 40 千米（25 英里），因拥有遍及全国、售卖多种口味的夹心甜甜圈（斯洛文尼亚语：krofi）的家庭旅馆，而成为深受来往斯洛文尼亚中部地区旅客欢迎的落脚点。

6 卢布尔雅那是斯洛文尼亚的首都，也是该国最大的城市。自 1991 年斯洛文尼亚独立以来，该市一直是文化、教育、经济、政治和行政中心，拥有人口 28 万。

弗兰克：
"我们对家庭中发生的事情却缺乏同情心"

我是在电视台工作的时候认识弗兰克的。仔细回想一下，我还从来没看见过他心情不好或者紧张过。不管情况有多复杂，他都知道怎样去开玩笑。而且相信我，在记者们将各自的报道修剪成片的剪辑室里，通常都弥漫着紧张的氛围，而整个过程中最重要的本应该是创作。要是有记者发现帮他剪辑的人是弗兰克，就会很高兴。他就是这样的人，我对他的印象也是如此。他不惹麻烦，冷静，善解人意。

当他也在脸书上联系我时，我以为我在做梦。这怎么可能？一个如此乐观、想法大胆、又有独特幽默感的人。我很想知道他是什么时候第一次惊恐发作的，又是怎么患上焦虑症的。

我了解到弗兰克是 1997 年患上焦虑症的，就在他完成学业之前。

"很突然，没有任何的征兆，"他告诉我，"我不知道自己怎么了，但我怀疑跟我的心理状态有关。几个月后我才终于决定要寻求帮助，一直拖着是因为我以为它会自己消失。"

他记得当时无法再集中注意力，陷入到一种从未遇到过的奇怪的悲伤中，有一种无边无际的"压力"感。"我没了社交的欲望——实际上，我失去了做任何事情的欲望。"

差不多一年以后，他才最终确诊。他的精神科医生从来没有告诉过他，而他也从来也问过，因为他只关心自己什么时候能好起来。可能他还没有做好面对现实的准备。用他的话说，在"黑暗中徘徊"了一年之后，他住院了，一住就是三个月。

"一旦发作就停不下来，这是我最怕的。我开始吃药后，情况确实有改善，但是焦虑和惊恐发作还是会反复出现在各种各样的情况下。在情绪低谷的时候，我甚至想过自杀。"

弗兰克记得那段时期，他最想做的事就是睡觉。"只有睡觉的时候我才能平静下来。一睁开眼睛，黑暗就会再次把我吞噬。惊恐发作时，紧张感会越来越强烈，直到我开始一言不发地盯着一个空间里的固定点。但在一切结束后，我脑子里想到的只有我的创作和我的工作，这两件事一直激励着我，我就是这样缓解自己的焦虑的。"

除了服药外，弗兰克还尝试了其他的治疗方案。"吃药是最有效的，"他说，"我也尝试过冥想、翻阅各种文献等等，但只有在我按剂量服药时，前面这些方法才会发挥作用。"

弗兰克从来都不避讳和朋友谈论自己的病症，因为在他看来，尽管焦虑症有自己的特性，但和其他病没有什么两样。但据他所说，这样做也并没有让他感觉好一些。他将得病归咎于小时候的经历，他记得自己的父亲不管是在身体上，还是精神上都十分暴力。

"在看似平静的表象下，我的童年充满了苦涩和恐惧。我父母的婚姻并不幸福，对于我来说，这真的不好过。"

他在成长过程中养成了多愁善感、具有同理心的性格，但是他一直都比较内向，容易局促不安，总是过度担心和害怕。和大部分患焦虑症的人一样，他经常以一种非常消极的态度看待自己，坚信自己能力不足，而别人都很优秀。

"和饱受焦虑症折磨的过去十八年相比，我现在的自我认知已经完全不同了。我现在会大量地服用药物，身体感觉还行，自我感觉良好。"

在他的"四大问题"（焦虑症四大症状：惊恐发作、抑郁、倦怠、压力）当中，倦怠被躁郁症取代了。不，这对于他来说一点也不容易。如今，他的家人都能理解他、支持他。

当问到我们的社会对于焦虑症是否足够包容时，弗兰克的回答迅速而有力："我们对焦虑的包容度还行，但对家庭中发生的事情却缺乏同情心。家庭很重要？对，没错！这得看情况，因为其中有些家庭住在里面就像住在地狱里，里面的人不得不忍受常人难以想象的暴行。"

弗兰克说，他现在正站在自我感觉良好的浪头上，也因此能够过上正常的生活。"但我不知道明天会发生什么。"

患焦虑症这么长时间，弗兰克不知道这种经历让自己发生了哪些变化，也已经记不起在患病之前自己是什么样子了。

对　抗

　　每一次的结束都是一个新的开始。一方面我有一种释怀的感觉：这种感觉很难描述，但不知怎么的，我松了口气，因为我知道不能再这么继续下去了。我不能再以一个没有任何权利的永久性兼职员工的身份，在一个极度混乱、压力重重的环境中工作了，而且完全没有任何前景和基础可以营造，诸如基本的稳定感之类的东西。

　　整个国家都是这样运作的。作为一名记者，我一直都能掌握社会和企业所处的境况。在削减成本的托词下，员工的权利在不断地被剥夺。

　　我会发生惊恐发作的范围在持续扩大。在焦虑方面，我无法再继续沉沦，我已经触底了。这里没有光，只有四面墙壁，对于我来说，这意味着我已经无法再取得任何进步。如果没有前景，我们的价值系统也已经失去了意义。领导职位不是由娴熟的专家担任，我感觉不到任何希望。你能想象吗？走到尽头的感觉，就在你人生中的黄金时期。我就是在这里结束的，就这样，我感觉自己就快窒息而死了。

接下来的一年对我来说很艰难。我被调到一个从来都不想去的地方工作，我无法自洽。从感情上来说，我每天上班都是处于一种害怕不安、紧张疲惫的状态里。唯一给我安慰的是，那个排挤我的人收手了。她可能想到我会和其他人联手，所以就害怕了；也可能是因为我不在，她没有了危机感。或许是因为她从其他地方听到有人要举报她，她肯定有强硬的后台，不然怎么可能长期威胁同事还能保住自己的饭碗。

当本应该向你伸出援手的人却背叛了你的时候，你对这种处境会更加绝望。在我终于——两年之后——鼓起所有勇气敲开他们的门时，本应该与这种暴行做斗争的他们却建议我放弃，否则我会失去一切。他们说对了，这确实会耗费我更多的精力，然而从道德上来说，他们大错特错。在潜意识层面，这件事对我造成的打击更大，因为我们人类是社交动物，希望周围的人能够帮助、倾听、关心自己。价值观应该受到重视，这个世界上没有谁有权利去抨击别人。

一方面，如果我一直抱怨下去，我的处境会更艰难，关于这一点，我相信那些人所说的。但另一方面，我又有一种道德责任感，渴望获得道义上的补偿，因为我受到了那么多次排挤，最后被转到另外一个部门，而我是真的不喜欢在这个部门工作，尽管我连脚跟都还没站稳。我并不想把人往坏了想，也不关心那些闲言碎语和消极的想法，但我为此感到很悲哀。这是焦虑症人群的典型特征，就像我这样，压抑自己的感情。

我认为我自己应该为这些乱七八糟的事负全责。好吧，的确如此——是我的责任，主要是因为我不知道如何停止这种伤害，为自己挺身而出。因为如果我做到了，就不会遭遇这些事。不能说一定会怎么样，但要是我本身就有拨乱反正的能力，就不会受到这个人的欺负。但相反的是，我所做的一直都是无力的抵抗和持续的挣扎。是你的问题，有个声音一直在责备我，将我拖入深渊。看，亲爱的，所有人都没问题，只有你不行。所以呢？你弱爆了。你做不到，你没这个能力。

但也有一个正义的声音，这个声音变得越来越响亮，甚至偶尔还会盖过前者。你在说什么？问题是，我们新闻工作者居然允许新闻业变成如今这个混乱的局面。我们的权利被剥夺，当我们指出违规行为时，却被迫沉默失声。但凡是个正常人都没有办法在这样的环境中工作，因为这样一个有害的环境是不适合人的健康发展的。

遇到这种情况的不止我一个。在电视台，我曾经和其他人讨论过这种问题，但实际上，没人敢站出来第一个发声，我们都害怕会因此而丢掉工作。

写到这里，我不禁停笔沉思：在我们的社会中，有多少公司总是忘记，每个人除了大脑外，还有心、有灵魂、有感情？又有多少关心他们员工的心理健康呢？根据职业医学研究所 2013 年的数据，能做到这种程度的公司少之又少。每天我们至少工作 8 个小时，占了白天的大部分时间，所以我们在这段时间过得怎么样十分重要。我们本可以建立令人愉快、让人受益、富有创造力的关系，而这样的关系又会对我们的工作质量产生积极的影响。反过来说，如果没有这样的关系，我们就只能在痛苦中度过。

前几年，惊恐发作我根本就控制不住。它不停地扩张，在咖啡馆，在车里，尤其是开车通过隧道时，在我去上班所乘坐的公交车上。有一年夏天，甚至是在我骑自行车的时候。但每次发作时间都比较短，最重要的是，不再那么来势汹汹。当然，我已经知道如何去阻止。关键是我开始任由它们向自己袭来，我已经不再害怕，尽管我还没有足够的能力从根源上解决问题，所以我步行上下班。早上一小时，下午或者晚上一小时，大脑因此得到了休息。这段时间只属于我自己，我会听些轻松愉快的音乐，想象将在我身上发生的美好事情，然而这么做还是让我心烦。我以前所认识和所过的生活是不需要耗费很大心力的，或多或少有种顺其自然的感觉，而现在却变成了我的苦恼。

我开始忽视社交来往，包括私人的。每当电话响起，我就吓得直退缩。我不接，也不回消息。就算是电子邮件，也变成了一件麻烦事；生活本身变成了一件麻烦事。这不是惊恐发作，是某种持续的、无处不在的焦虑，我想这应该是从恐惧感和惊恐发作中衍生出来的。这种焦虑容易突然消失，隐藏起来也比较容易。我太累了，没办法振作起来，我需要休息。

"你们当中有一个人得离开。"新闻节目的一个日间编辑在电话中告诉我，意思好像是有人要被解雇，要么是我同事，要么是我，而我知道肯定是自己。我想，就到此为止吧。因为就算那时他们想开除的人不是我——这样的处理真的毫不合理，更别说有无专业水准了——我内心的恐惧感也在加剧。

继扬言要解雇我之后，他们想让我上够一个月的日间班，但这容不得我考虑，因为如果上日班，我就没法陪女儿了。

我花了整整一周的时间思考应对策略。不知该何去何从的我完全陷入了黑暗、孤独、恐惧、紧张、疲惫和沮丧之中，我感受不到一丝的快乐或希望。

不到一个月，我就把工作辞了。我不想说更多的细节，但对于我来说，辞职在意味着解脱的同时，也意味着彻底的绝望。解**脱是因**为我知道自己不能再在这样的环境中继续工作了，绝望是因为**我失**去了一个热爱的职业和一份固定的薪水。我失业了，只有我。我还是想在电视台工作，但不想再去新闻组。就这样，我再也回不去了。

第一次请病假

我从来不知道还可以请病假，因为我从来没生过病。我是个说干就干的人，非常清楚如何去忽视每一个症状，所以第二天这些症状似乎就已经到了别人身上。然而现在，事情变得棘手起来。我停了下来，但因为我自己不愿意去休息，所以我的身体在阻止我。

"首先，你需要多休息，达玛娜，然后你才有充足的时间去想想该做些什么。"我的全科医生向我建议道。

"一定，"我回答，"这一次，我想躺下来，能睡多久就睡多久，我扛不住了。"

"我不敢相信你到底经受了什么。你知道有多少人因为这个问题来找我看病吗？我最近所处理的病情要么就是倦怠、压力，要么就是焦虑！"

她透过眼镜的上框看着我，但我并没有让她的忧虑影响到自己。我太虚弱了，虚弱到几乎睁不开眼，更别提去听她说什么了。

"我们接下来要这么做：你要在家静养，同时，你得去看精神科医生，因为我需要他的意见。好吗？"

"大体上没意见，但我不吃药，不管是抗抑郁药，还是其他什么药。"我答复道。

"好的，但吃药这个问题你得和精神科医生谈。如果可以的话，今天就去，然后再回来。"随后她又补充道："我真不敢相信——年纪轻轻就被生活搞得这么累，这不正常。"

是的，这样的确不正常，整个世界都不正常。在那个时刻，我想起了卜思天·M. 儒佩基奇[7]以及他写的《第一头瘦弱的母牛》。在这本书中，他写道："在一个疯狂的，就眼前来看日渐荒谬、疯狂，已然自我毁灭的世界，在一个由愈发疯狂的人掌管的世界，难怪聪明的人会'退出'。"疯狂，这个世界太疯狂了，我想。

"我很快就回来。"我向医生保证，随后便消失在诊所的走廊里。

我去看了精神科医生。

"我不知道自己怎么了，"我先开了口，"一切要从我的家庭破裂开始说起，虽然我很清楚，这是最好的结果了，也没有更好的办法了。在这之后，我离开了曾和前任一起供职的公司。随后而来的是我的第一次惊恐发作，然后是第二次，接着是短暂的平静期，然后又是更多次的惊恐发作，再一次的平静期以及电视台愈加繁忙的工作，然而在电视台我承受了太多：精神压力和紧张不安。身为记者，我每天要和三十来个人打交道，和其中一些人的关系还十分紧张。惊恐发作和焦虑越来越频繁地出现，于是我干脆停工了。我和前任有个女儿，我和他之间也迟迟无法达成协议。当然，这对于我来说不好过，恐怕我再也扛不下去了。"我无力而又痛苦地说完了我的悲惨遭遇。

医生同情地看着我。"典型的疲惫和倦怠，再加上焦虑和你的经历。"接着她解释道，"你最近承受得太多，所以遇到这样的问题不意外。待在家吧，你需要休息。有吃药吗？"

"我不想吃。"我答道。

在回家的路上，我第一次感到如释重负而且没有愧疚感，医生们都允许我停止工作去休息。所以我可以给自己放个假，这是我应得的。是的，休息、读书、写字、去户外、健身——我终于能做一直以来想做的所有事情了。

那个时候，我还没想到生存问题，而这并不是我的风格。显然我当时状态很不好，否则我会很在乎钱的问题。我不是个物质主义者，也从来不会贪得无厌，但我对钱的态度很谨慎，只有一定积蓄在手时我才会有安全感。对于我来说，有钱就意味着安全稳定，就意味着爱。于我而言，这是我唯一可以依赖的东西。这就是为什么如果我待业在家，就总是会害怕惊恐发作和焦虑会更频繁、更严重。

7 从 1998 年开始，儒佩基奇先生就在法国斯特拉斯堡欧洲人权法院担任法官，他同时也是一名律师、作家和散文家。

在全盛时期全身而退

那是四月中旬或者是五月初的时候，具体我记不太清了。休病假的前几天我都在专心休息，其他也什么都做不了。我是特意用了专心这个词吗？不是的，没有什么事情是刻意去做的。就算我不想休息，也没有精力再做其他任何事了。

对于我来说，被迫休息难以接受，但又不可避免。可以想象一下：我，一个在白天躺十分钟就会有愧疚感的人，现在却不得不整天卧病在床。这种愧疚感不会放过我，因为我就是在一种无时无刻不坚持工作的精神下长大的，休息是软弱、懒惰和无能的人才会做的事。

然而就我的身体本身而言，它压制了所有的愧疚感，要求我停下工作，我不停地用这样的想法安慰自己：是我自己的身体逼得我终于开始关心自己。

也正是在这段时间里，我连稍微想点事情都受不了，但是我又不得不处理和前雇主以及孩子父亲之间的事务，这两件事就像达摩克利斯之剑一样悬在我头顶上。与此同时，我开始担心钱的问题。谁赚钱来养活我和女儿呢？我们母女俩相依为命，我又盼不到任何的外来援助。况且，我是一个愿意自食其力、保持独立、拥有财务自主权的人。

在我的潜意识中，所有这些困难不断地追赶着我，喂养着我的焦虑，这真是自相矛盾。因为疲惫和倦怠的原因，我不得不待在家里，但焦虑却因为我待业在家没有固定收入而与日俱增，单单这一点就足够让任何一个人发疯。尽管我明白这一次我真的需要喘口气，需要好好休息，但还是有种坠入陷阱的感觉。

另一方面，在家待着我也有点发怵。毕竟，在家里我经历了最严重的一次惊恐发作，而且从那以后，我一直都觉得有什么邪恶的东西从四周墙面向我倾泻而来。某种被禁锢的力量在公寓的各道墙体之间拉扯着。事情又在重演：一听到手机响，我就紧张得不行。当我发现有人发来了短信，既没有力气，也没有意愿去打开阅读，这意味着我又有新的事情需要去担心：如果我不回，别人会怎么想我。

我幻想自己开始早上徒步去圣玛丽山，骑行去托斯科塞罗 [8]，但几个月以来，这都还只是想想而已，我的身体不允许。你能想象得到吗？我的身体连让我举个胳膊再坚持一会儿的力气都没有，而且仅仅是想到圣玛丽山，我就开始头晕，尽管我是真的想去，我几乎无法相信这一切都发生在我身上。

为什么我之前从来没有听说过这样的事？为什么没有任何人告诉我这样一种状况确实是存在的？我真的不明白。难道是因为我太以自我为中心了，所以没有注意到别人身上也发生了这样的事情？我不停地胡思乱想，回忆到底有没有碰到过和自己有相似症状的人。

结果并没有。如果所发生的事情，我之前从未听说过，就总会感到惧怕。而且我已经没有任何力气和意志去做任何事情，对此我不想掩耳盗铃。就算是做些最日常的事务，我也会累得不行，所以不得不躺下来。"在我这个年纪就这么疲惫不堪、劳累、无精打采，这正常吗？"我问父亲。"不，不正常。"他这样回答我。

那个时候，我没焦虑，也没惊恐发作，但我还什么都无法理解，我被折磨得都快要疯了。我到底是怎么了？我会一直这么下去吗？过去我常常工作一整天，然后再健身两小时，但却鲜少感觉到累。而现在，就算是去洗衣服、晾衣服都能把我折腾得够呛。

我还没法再看任何新闻，在网上看也不行。它会不断地榨干我的精力，将我包裹进无尽的黑暗里，一连几天都没办法走出来。如果是坏新闻，就会尤其难以承受，因为我会不自觉地变得更加焦虑。事实上，我已经连一丁点儿焦虑的想法都承受不住了。

然而人也会让我疲惫。虽然我之前一直都在搜寻其他人的故事，渴望听到他们的声音，但现在我听别人说话五分钟都听不下去了，医生也不例外。

所以在头一个甚至头两个月，我大部分时间都是在休息、读书。慢慢地，非常缓慢地，我的身体开始变得强壮些了。偶尔有一天我会精力充沛，但接下来几个星期又会很疲乏。没有人可以再依赖我去做什么事了，而这是最糟糕的。因为我连自己在一小时内会怎样都说不准，更别提能做未来几天的什么计划了。

我唯一有能力做的事情就是多陪陪女儿，因为我终于能花更多时间在家了。她从学校回来后，我会带着她写作业，她去做课外活动时，我会接送。我发现和女儿在一起的时候，我的神经会放松下来，因为我会有一种归属感，而且我终于可以想陪她多久就陪多久了。另外，女儿过去几个月在学校一直是懒懒散散的，老师们都因此而责备我，对此我感到无比愧疚。我也有责任，我经常晚归，而且因为太累，也没有太关注过女儿，但现在我有充裕的时间来陪她。早上一个人的时候，我会花时间休息放松、冷静，下午的时间就专门给她。

那些没有焦虑过的人很难想象恢复起来有多难。除非真的发生在自己身上，否则你不会知道没有焦虑过有多幸福。通常我们完全认识不到，懂得用自己应得的爱和尊重去善待自己有多重要。"有些人永远也无法完全恢复成原来的样子。"我的精神科医生在谈到我病情的严重性时暗示说。我吓坏了，虽然当时我并没有领会到这句话的分量。

很快我便意识到她所言不差，要想恢复如初很难。有些人一直都没有真正成功过，另外一些人能够努力维持在一个可以忍受的状态，而依然有另一些人被幸运之神眷顾，能够完全恢复，甚至比先前还要好，因为他们最终认识到了生存之道。

还好，我属于后者，但我必须付出很大的努力才能实现，而且我再也回不到患焦虑症之前了。

8 属于波尔霍夫格拉代茨山脉，位于斯洛文尼亚中部地区首都卢布尔雅那西部，是著名的徒步旅行目的地。

改变，抑或当你已不再是你

我知道自己需要做出彻头彻尾的改变。我知道自己需要转变生活态度，不再屈服于自己内心的恐惧。我需要转变思维方式，摆脱掉一切旧的功能模式和情感模式。我需要找回自我，面对自我——原本的自己。过去我总是过度考虑和担心每一个细节，一个决定我要反复思考上千次，对此没人能理解。放轻松，别担心，他们不停地告诉我。当然，在某种程度上来说，他们是对的，因为我的确不应该这么对待自己。

由于我的身体已经非常疲惫，所以稍微剧烈一点的运动我都做不了，所以我开始做普拉提，当然，是在家里做；我已经给自己安排了一套非常全面的修复方法来达到内在的转变。我需要做一些户外活动，但另一方面，在过去五年里，由于工作繁忙和照看孩子的原因，我几乎完全忽视了自己的精神健康。作为心理修复和文娱活动的一种方式，我唯一能坚持下来的就是在节假日看场电影。而这其实还不够，因为对于我来说，要想"喂养灵魂"需要做的其实有很多；我喜欢吸收新的信息，喜欢学习。每当我的灵魂得到喂养，我都能感受到自己变得有多健康、多放松、多充实、多开心，就像外出旅行回到家的感觉。

我花了几个月的时间在网上查找适合自己的普拉提训练。在那之前，我接受了至少五年的有氧运动训练，已经达到了一定的水平。实际上，做个普拉提教练，教女孩做普拉提，一直都是我的心愿，直到我做了记者，也没能把这个心愿付诸行动。但是我相信，如果不是这些体能训练，我的情况是不可能有好转的。相信我——绝对不会。

我一般每天都会锻炼，或者至少一周锻炼四次。要做到这个频率，需要有一个铁的纪律，因为在家里，自我激励要比在健身房难很多。我最喜欢的健身房刚刚关门，而其他健身房对我来说又没有吸引力，但除此以外，去参加集体训练课程在当时也给我造成了很大的心理负担，而且那时我已经正式开启了严格省钱的生活模式，毕竟已经没了工作，没了收入。

当一个人在锻炼身体的时候，也必须锻炼自己的大脑。就是说，我们要想达到健康平衡，就需要身体和大脑同时得到锻炼；缺少任何一个，另外一个都无法正常运作。而在焦虑这个问题上，身体上的锻炼甚至更为重要——跑步、健身、散步。有这么一种说法：一定距离的散步和服用抗抑郁药的效果其实相当。

我又拾起了阅读——终于，我有时间去读书了。我从小说开始读起。在图书馆，我有一个"私人"图书管理员，他对我有些许的了解，所以能为我推荐卡洛斯·鲁伊斯·萨丰[9]的书。不可思议！我读着他的三部曲，完全忘记了外面的世界，而这正是我的大脑所需要的。在现实生活中，大脑要不停地处理信息，一刻都不能休息，而读书却让我得以从中抽离出来。这对于我来说是一种十分特别的经历，而且我认为所有患焦虑症、有经常性过度思考和分析行为的人都应该尝试一下。对于焦虑人群而言，完全被一些事情吸引住是件好事。这样一来，他们就不再担心，不再心事重重，不再惊慌。做什么不重要，只要有用就可以。

刚开始拜读这位作者的第一本书时，我的身心就已经得到了极大的放松，我感受到了重生。我想继续读下去，因为我怕再次陷入之前的紧张情绪。在图书馆，我发现自己可以将这种轻松的感觉延续下去，因为紧接着还有两本书可以读。我控制着节奏，慢慢地品味，因为此时我已经开始考虑这几本书全部读完之后我又该做什么。在经历了长期的痛苦折磨后，现在的这种感觉用神圣来形容也不为过。大多数人甚至都不会注意到的感觉，我却为之欣喜若狂。

以前早上我会吃早饭、看新闻，而生病之后，变成了吃早餐、读书，再做一小时的普拉提。在那之后，我读了些其他书，也读了一些自助书籍——实际上，我读得如饥似渴。虽然我从来都没把这类书放在眼里，但如今它们却帮了大忙，将我从泥沼中拉了出来。

我还阅读了大量关于觉悟、自我形象、焦虑、恐惧和爱的专业文章。我带着批判的态度沉浸在对自己过往经历和所遇到的人的回忆里，不断地自问着为什么——为什么我偏偏遇到了这些人？我一直在观察自己对于特定人群会有什么样的反应，分析自己的心理、自己的情绪，试图对此做出解释，探寻其缘由。我秉持严格的批判态度，在阅读的过程中还花了大量时间认真思考，最终决定哪些可以相信。

后来证明，我的选择是明智的。一个人在生病的时候，就会开始凭直觉来做决定。我相信，在他们各自的处境下，他们知道什么是有用的。这算是一种自我保护的本能反应吗？

现如今我是这么认为的。不管你尝试什么，有用很重要，不管是哪种方法。也许你选择的方法傻气十足，但只要有用，无论怎样也要坚持做下去。一旦我们恢复了健康，就可以各抒己见，互相交流。

9　西班牙当代小说家（生于1964年），作品已在45个国家出版，因此成了作品传播最广泛的西班牙当代作家。

埃琳娜：
"生命是一场美丽的抗争"

她看到我朝桌位走来时，给了我一个温暖的微笑。由于迟到，我感到有些不好意思，所以很快道了歉，然后坐到了她对面。她正在边吃蛋糕，边喝咖啡。我们俩看着这块蛋糕，相视一笑。我们都觉得吃甜品——主要是巧克力，我们也都喜欢吃——容易长痘痘。换成冰淇淋会不会就没问题了？

谈话的氛围很轻松，我感受到了一份积极的热情，以及彼此想相互了解的心意。没过几分钟，我就发现埃琳娜和我是一路人。当我和别人在一起不必伪装，而且看到他们也乐于谈论焦虑这个话题时，我就会给他们"贴上"这样的"标签"。

埃琳娜三十出头，刚刚进入筑巢期。她是一位历史学家，文化社会学家。除了刚成年就经历的惊恐发作和焦虑外，专家还诊断她有强迫症和躁郁症。在她的记忆中，第一次惊恐发作是这样的：

"我一个人在家，正值晚上，我倒是从来都不喜欢夜晚，我记得当时不知道我妈到底什么时候回来。我感到有巨大的重量压着我的肚子，我紧张到流汗，心跳加速，不知道这到底是怎么回事；

我害怕自己就要死了。在给我的好朋友也就是我爸打了电话后，在他来之前，我绕着房间漫无目的地来回踱步。当我靠在窗台上呼吸着新鲜空气时，才感觉稍微好一些。他来了之后，我的症状有所缓解，但我们还是开车去了急诊室。候诊的时候我冷静了下来，但症状还未完全消失。我不知道自己当时是否意识到自己在这之前发生了哮喘，或者是之后才想到，但我那时还是在担心自己得了重病，担心是心脏病发作。"

在急诊室，医生给她做了检查，所有结果都显示正常。医生建议她去看精神科。也就是说，她很快就得到了诊断，但她对于去看精神科医生却有一万个顾虑。对于她来说，这是一个完全陌生的领域。

"和全科医生讨论病情我完全没有问题。但是精神科医生，那就是另外一回事了。我自言自语道：所以我是精神不正常了！如果是需要去看精神病医生，那我一定没救了。"

在她家里，精神问题、精神障碍和生病这些都很少被谈起。她父母给予了她支持，但她是从一个世交那里得到了更多的支持，这位世交对于她来说堪称是集母亲的替身、朋友、姐妹几个角色于一身，正是她陪埃琳娜去看了精神科医生。

"我当时才 19 岁，还没有强大到可以自己去。我记得自己偷偷瞥了一眼候诊室，把自己和其他病人做了比较。他们看起来都不正常吗？我看上去比他们还要不正常吗？想着类似这样的问题。我唯恐遇到熟人，似乎这是件令人羞耻的事情。"

医生确诊了她的病情，当下就开了药。

"我现在吃的药能帮助我过相对正常的生活。我十分庆幸我们所生活的时代已经不会再用电击来治疗精神障碍了。我也明白药物帮助实现大脑的化学平衡，常常不能理解为什么身体有病了吃药就完全可以接受，而一遇到精神障碍或者精神疾病就完全是另外一回事了，吃药就会遭受质疑。"她补充说自己从未因为开始服药而感到愧疚，实际上让她后悔的是，在吃药之前，她从没有尝试过其他方法。

"小组治疗课程我也参加了，在那里我发现并不是只有自己会焦虑，但我却从来没有打开心扉，吐露我去那里的原因。另一边，精神科医生给我问诊的时间总是很短暂，从来都没有超过十分钟。我必须说，我对斯洛文尼亚精神科医生医治医药费减免的病人的方式深表痛心。"

如今，大多数惊恐发作的诱因她都能识别出来，只是偶尔遇到突然发作时，她可能还是有点猝不及防。

"有段时间惊恐发作很频繁。每次发作都会持续一整天，而在那之后，我的身体和精神都像被抽干了似的。"她说，"在严重的惊恐发作中，最糟糕的是对死亡的恐惧。虽然很多次我都挺过来了，但有个想法一直盘旋在我的脑海中：这次又怎么了，我又怎么了？"

尽管抗抑郁药并没有抵挡住所有的惊恐发作，但是埃琳娜依然在服用。有些药根本不起作用，她也没有及时反馈给医生，对此她很抱歉；相反，她选择默默地承受焦虑所带来的痛苦。两年前，情况开始恶化，她再一次决定尝试心理治疗。这次，她选择了自费，"因为我想通了，投资自己才是最好的投资。但我还是要强调一点，在大多数情况下，心理治疗需要收费是不对的；社会上的弱势群体如何能负担得起呢？"

她的朋友还向她介绍了轻击法，据说很有效。"但是结合着心理治疗、服用其他药物和运动，目前我的惊恐发作完全可控。我还读了几本书，在某种程度上帮助我了解了自己的病情。然而我还是在完全只依赖药物的阶段上花费了过多的时间；这一点在后来我开始将其他方法加入到我的康复计划时才意识到。"但她不想将自己的看法强加给任何人。"这是我自己的故事，我自己的经历。每个人都有权利去决定如何面对或者克服焦虑症。"

刚进入大学时，埃琳娜的症状就开始显现出来了。此后，每当失业或者失恋这样的情况发生，她就会压力重重，症状也总会加重。

"很快，我就向家人坦白了，但是我们之间不怎么讨论。我也告诉了我的朋友们，对于工作上的同事，我不想说太多。毫无疑问，'坦白'之后我确实感觉轻松了许多，然而要想找到真正的解药，还有很长的路要走，而我不得不独自上路。

在此之前，我一度有这样的感觉：虽然我的家人、男友、朋友都在尽力帮我，但当我惊恐发作时，他们还是不能完全理解我到底怎么了。有时候，我真的需要一个能够和自己心心相印的朋友，纵使此刻对我来说最重要的其实是自我理解和接纳。"

而她认为自己是怎么患上焦虑症的呢？"我想我一直以来都不敢向别人坦白自己的感受。我会哭，但却无法表达出自己的恐惧，或者大多数时候的愤怒，我一直在压抑着自己。这些天我一直试图改变自己，不得不说，我感觉好多了。"上大学给她带来了不确定性。"作为一个长期谨慎行事的女孩，直到高中毕业，我都把自己的生活安排得妥妥帖帖，但在那之后，我不知道该如何面对大学生活，也不知道自己将来想做什么。雪上加霜的是，我的家庭出了点问题，我又沉浸在父母离异的伤痛中。我不敢向家人和朋友坦白自己是双性恋，我担心自己该如何谋生。我爱过度分析，不够自信，总是拿自己和别人比较。有时，我感觉自己害怕地活着。但我也害怕向别人倾诉，这一点很可笑，因为通常来说，我跟别人聊自己是没有什么问题的。"

就我个人而言，我对她的看法和她自己一样，也可能是因为她明白我很了解焦虑症，感觉我能理解她，所以她很快就对我敞开了心扉。

现在她和另一半住在一起，她说在恋爱中自己从来没有焦虑过。她的另一半很支持她，但她不得不承认，有时对于他来说也不容易，因为他真的没有办法深入理解她正在经历着什么。她很高兴两个人可以一起成长，自己可以全力地去经营这段感情。

整体而言，她认为我们的社会对于焦虑症和惊恐发作都太过保守；对于不熟悉她的人，她都倾向于隐瞒自己有焦虑症。如果非要说出来，她会感觉不舒服——这一点在我问她是否可以在本书中使用她的真名时就体现出来了。"别，先不要，"她回答道，"我还是有点担心有人会知道是我，但是只要我自己的经历能帮助到其他人，不再让他们感到孤单，那我所受的苦就不会白费。"随后她又补充道："我自己还有很多事情要去解决，但我可以预见到所有问题都会得到解决。有志者事竟成。"

那么焦虑症又是怎样改变埃琳娜的呢？"这个问题问得很好，这取决于我目前的状况。过去我常常只看到它不好的一面——对我的生活造成了负面影响，导致我害怕与人相处。与此同时，我也发现战胜并接纳焦虑症的自己有多么勇敢。无论再发生什么，我都能很快察觉到，找到焦虑的原因，决定什么该做，什么不该做。我开始带着焦虑生活，而不是始终活在对它的恐惧之中。正是由于与焦虑症的抗争，我开始树立自信。我开始信任自己，开始相信自己可以胜任很多事情。重要的是要保持真诚积极的心态，尽情地去表达自己。所以说，生命是一场美丽的抗争。"

失　眠

在家静养了一两个月后，我还是无法恢复如初。一部分的我期望休息一周后就能够精神一振，然而在内心深处，我意识到情况已经变得严重了。

那段时间没有惊恐发作，我也感受不到任何的焦虑；我的康复计划在起作用，因为我在恢复。但是，我知道惊恐发作和焦虑正在某个角落虎视眈眈地盯着我。

正如前面所提到的，我在书中和电影里找到了快乐，它们帮助我坚持下去。它们给我的大脑注入了不同的东西，我急需能让我感到愉悦的内容来赶走我的忧虑，让我继续轻松下去。

我的好状态通常能持续一两天，有时长达一周，但又会突然恶化。尽管如此，我依然感激所有好的事情；这意味着好转是有可能的，是可以通过自己的行动来实现的。但是我不知道这突如其来的恶化是因为什么。我一直都在认真地反思自己，但却找不到任何蛛丝马迹，甚至连我自己的身体和大脑一直遵循的模式都找不到。只要我状态好，就会很正常。但当我状态不好时，连亲朋好友都会躲着，不和他们联系。我也不接电话，晚上我会找个借口用短信回复他们，希望他们能放弃联系我，留我一个人清静。

我没办法说出真相，他们当中有些人是不会懂的。我本不应该担心这些事，但我控制不住。我始终在担心他们会说什么，他们会离开我。我不停地说服自己，一旦自己好一点了，就会给他们回一圈电话。

不知不觉中，我与世隔绝了。我总能找到不需要出门的理由。在此之前，我一直都喜欢出去，要么是参观哪个活动，要么就是约见朋友，然而现在，没人能说服我出去。起初我还不知道自己怎么了，但是很快我就发现，在现有症状的基础上，我身上又增加了一项社交恐惧症。聊天和见人，一般都会让我感到疲劳。

这一点在过去常常占我便宜（而我总是能让他们得逞）的人身上体现得尤为明显。例如，我有个朋友一直没钱花，所以就经常找我借钱。前不久我还给了她一大笔钱，可是她也没能顶多久。她习惯了接受我的帮助，而我自己已经丢了工作，没什么可以再给她了。我已经不记得有多少次她打电话给我，假装是因为其他什么事情，其实最后都是想借钱。我快被她榨干了，但一直都不知道该怎么告诉她，我已经受够了。更糟糕的是——我不断地向自己暗示本该如何帮助她，虽然我根本没这个能力。只要一联系她，我就要疯掉。

在度过了几次轻微的、最主要是短暂的好转期后，我失眠了。最近几周我每天都只能睡上几个小时，我开始怀疑自己不吃药能不能坚持下去，因为我已经想不到该如何拯救自己了。

"为什么你现在才来？"我去看精神科医生时被问道，"你知道睡眠的重要性吗？长期失眠的后果很严重你知道吗？没有人可以不睡觉还能活下去。"

"我也不知道是因为什么耽搁了,"我回答道,"我想自己可能简单地以为它会自己消失吧!"

连续几周失眠让我痛不欲生。我甚至变得更加易怒、敏感、紧张,攻击性更强。屋漏偏逢连夜雨,我的一个邻居总是选择在最不合适的时间用圆锯锯木头,就在我卧室隔壁。有时他一大早五点半就开始锯,从来不晚于七点半。不可理喻!下午的时候,他去到他房子的另一边,继续拿着把链锯做球拍。

因为我在休病假,所以这自然更让我感到烦心。但我没有去阻止他的勇气。我想象着其他人应该会去找他,请他行行好让人们睡个好觉,我不想引发争论,宁愿忍着也不想去做任何沟通。不凑巧的是,女儿的监护权问题恰好也在这时候被摆到了台面上。总之——每一件事都能把我击垮。我已经失去了去抗争的力气,我再一次地被黑暗吞没,看不到一丝光亮。

退到爱情的迷恋中

坠入爱河能改变一切，这真是让人不可思议。

和女儿的父亲分开之后，我十分确定——当然，是潜意识里——所有吸引我注意力的"候选人"都只是偶然相遇，不会发展为认真的恋情。这是因为我不敢认真地去谈一场恋爱，尽管我对此求之不得。我想要爱和被爱，但是恐惧总是占了上风。上一次恋爱将我推向了悬崖边，我不想再让自己处于这样的境地。

最终，为了转移自己在焦虑和疲惫上的注意力，我交往了一个人，和他虽然可能不会走得太远，但他却很好沟通，而且最重要的是，他有足够的时间到大自然去进行户外活动。我又开始去洛兹尼克 [10] 了，有时他会跟我一起去，有次我们还一起去了圣玛丽山。我没有告诉他，这样短距离的远足对于我来说已经是一场个人的胜利了。我没有感觉到疲惫，反而在回来之后被激发出一股新的热情，想要去征服更多的山峰，这意味着我的情况开始好转了。

和这个男人在一起我有一种安全感，因为在他身边我很轻松，这就意味着我不必再费心去伪装自己。但同时我需要对他有一点爱，或者有一点迷恋。我们谈工作，谈哪种工作适合我，哪种不适合，充分休息后我该如何让自己重返职场。对于他我只提到了自己有倦怠的问题。

我们交流过对很多书和电影的看法，也一起在山中走过很多路，我感觉好了很多。惊恐发作没有再出现，只剩下偶尔的焦虑，只是一旦涉及我的至亲，情况就变得不是很愉快。除了和这个男人交往外，我还一直在实践其他的放松方法，我又有了更多的人生目标。

10　卢布尔雅那市中心西北方向的一座山丘，是当地著名的远足、跑步和短途旅行目的地。

恐　惧

　　我之前已经多次提到了恐惧，而和我交流过焦虑经历的人也常常提到。我们都认为，这种情绪总是被忽视，甚至都不值得用文字或者言语的方式来讨论。恐惧是什么？我曾经在我的博客里这样写道：

　　　　脾气暴躁、生病、悲观、愤怒、不幸、不和谐、厌世以及争执，所有这些都可能是由焦虑而引起，都是因为我们不相信一切都会好起来。恐惧是罪魁祸首。

　　　　我们一定都认识事事顺利的人。他们没权没势，也没钱，但他们依旧总能成功。再想想另外一些人，他们过得并不太平，但有一个积极的态度，总能感觉到世界的爱。不管发生什么事，他们都可以找到自己的信念和自信，因为他们信任自己，信任指引着我们生活的力量。

　　　　为什么如此？他们做了什么我们没有做的？

　　　　这些人不知恐惧为何物。我所说的恐惧并不是身处险境时每个人都会有的感觉。我指的是对生活中的磨练的恐惧，对我们都必须要面对的挑战的恐惧。在这些人眼里——我就认识这么一些人——没有消极情绪，没有过多的犹豫和怀疑，而且就算有，他们也知道如何去接受，不会让生活被恐惧主宰。他们是最成功的一类人，同时也是最满足、最幸福的一群人。他们看透了一切，对于大多数事物都能积极对待，所以这些事物就成了他们平和积极的生活观的源泉。

说到这里，你们一定能意识到，其实每个人都面临着两条路的选择：一条富有创造力的积极之路和一条毁灭性的消极之路。第一条路将一切都转化为快乐、健康和成长；而另一条路则只有失败和堕落，表现为一个人对其周遭的憎恨，而这便是两条路最大的不同。

我们可以改变自己与生俱来的基因设定或者我们从孩童时期养成的习惯。在我们每个人身上，都沉睡着无所不能的力量，我们可以利用它来改善我们的生活，只是我们要敢于把沉睡的力量唤醒，绝不能害怕，每一次恐惧和焦虑都会影响我们的健康。负面情绪会反映在我们的身体上，在我们走路的时候，在我们的脸上，它会体现在我们生活的方方面面，所以就让我们选择一种无所畏惧的美好生活吧，是时候做出改变了。

这就是我写在博客里的内容，从这里我才真正开始认同并遵循其中的理念。恐惧是这世界上所有罪恶的来源，对此我深信不疑。如果人们没有恐惧，就不会有任何的战争、争论，甚至是我们都会遇到的最寻常的嫉妒都不会有，所有这些都因恐惧而起，还有悲伤、愤怒、绝望、压力、苦涩、消极的想法等等这些负面的情绪也都是一样，恐惧是一切关系和生活本身的毁灭者。当然，时不时地感到恐惧是正常的，是说得通的——但在我所描述的情况下就不然。停下来想一想，恐惧毁了多少爱和满足感？

因为害怕去爱，因为怯于表达自己对人、对事的感受，人们变得满脸愁容、满腹牢骚、让人生厌。生活中还有比这更愚蠢的吗？

我自己的恐惧是显而易见的。我害怕生活，我不确定自己是否还能过下去。在康复期间，我对之前有所了解却从未花时间仔细研究的一些对象做了更加深入的了解。

在一个充满恐惧（步步皆是）的世界里，想要保持平和的心态，不再畏惧，确实不容易。但接纳我们原本的样子，明白我们最珍贵的健康和最强大的力量都隐藏其中，会让我们都得到新生。

卢　卡：
"很快不焦虑人群就会比焦虑人群更加稀有"

我和卢卡相识十年有余。我们是通过我的一位摄像同事认识的，他也是卢卡的乐队队友。因为他们觉得我是个有见地的人，所以请我帮忙组织乐队的演唱会和演出。因为我被其他事情压得不堪重负，所以我们的合作并没有持续很长时间，但也足够让我和卢克保持着联系。

他看到我发布的寻找焦虑人群的帖子后，便在脸书上联系我。我大吃一惊。你讨论生活种种，却从未谈到焦虑——你最本质的东西，你是怎么做到的？

最近，卢卡经常约我和乐队成员见面，但我总是找借口搪塞，我确信我病了这件事他们是不会理解的。虽然卢卡已经远离了物欲横流的疯狂世界，转而过上了一种精神式的生活，可我还是不想承认自己的问题。

我一直都觉得卢卡有一个敏感的灵魂——他是一个富有同理心，关心所有人的人。他之前的工作已经变得金钱至上、没有人情味，所以他辞去了工作，开始去做自己真正喜欢做的事。他成了一名自然疗法师。最后我们见面时，他的方法引起了我极大的兴趣，我们交流了各自的经历以及一直以来都是如何在作抗争。

他记得自己从小就会焦虑。事实上，焦虑伴随着他的整个人生，他从中得出了一个有趣的理论：他不会将焦虑视为一种障碍，对于他来说，它更像是人类的一种自然的心理状态。"我会注意到它，感受它，最终经过一定时间，努力找到自信和自知，看到战胜它或者适应它的可能性，还有醒悟。在我看来，焦虑是我的老师，要是没有它，我可能不会变成今天的样子。"接着，他补充道："当我思考、讨论这个问题的时候，我能感受到自己的焦虑，或者说是焦虑在远处的回声，因为能量追随思想。我们会给我们所关注的事物赋予能量。焦虑是一种无声的陪伴，就像一层厚重的雾气笼罩在心灵上，妨碍我们好好生活。经过几次更长期的焦虑和抑郁后，惊恐发作就变得令人振奋、与众不同。但它绝对是一次身体和心灵的'重设'，是一次让人慢下脚步，思考自己和世界的机会。"

听到这些，我觉得我们之间的关系更紧密了，因为对于焦虑我们有类似的感受和想法。我还认为，不懂得放松的人会焦虑，而焦虑和神经紧张又相互依赖。

卢卡也为自己的焦虑治疗选择了另外一条路。他告诉我，他从来没看过医生；相反，他和内在的自我对话，选择了自然疗法。"实际上，我压根没想过看医生。毕竟我并不是哪里疼。更何况，单单是身处医院，就已经让我有焦虑和幽闭恐惧的感觉了。当医生为别人诊断出诸如抑郁症、焦虑症，或者其他什么类似的病症时，这些诊断会对当事人的精神产生毁灭性的打击，因为人们相信医生。

"它们嵌入当事人的大脑中，一旦形成，便难以消除。在官方说法中，这种现象被称为反安慰剂效应，其反面正是安慰剂效应。除此之外，所有合成药物——尽管很必要，也很受欢迎——只对表面的症状有用，而无法触及内在的病因。通过服药，病人的康复只会被延缓，康复过程中的风险也会增加。

"我们不是通过自问找到问题出现的原因，以及为改善现状本可以采取的措施，而是将一切都压抑至漠不关心。事实便是如此，就算不总是这样，也是多半会发生的事情，现代社会和个人寻求快速的解决方法，任何问题都有其药方——而且立即见效。我们迷失了。"卢卡总结道，虽然他完全不反对药物和科学，他只是在表达对现代人类规则不一样的看法。

卢卡经历的最糟糕的时刻也会让他有种自己快要死了的感觉，这是焦虑和焦虑症的典型特征。"好像自己下一秒就会崩溃、会晕倒。我的心脏怦怦直跳，又流汗不止，头晕眼花。我的身体在颤抖，就像被活埋的感觉。我无法呼吸，感觉自己就要疯了，自己正在遭受恶魔的攻击——难道真的是这样吗？它们真的是我心里的魔鬼，或者说来自外部世界？我问自己，我是谁，为什么这些事情会发生在我身上。我是被诅咒了吗——或者是不是有上帝、天使、地球、宇宙在保护着我？我是有多孤独？我渴望出自爱的温暖的拥抱，但我却不知道它在哪里；我向所有神明祈求庇佑，但却连怎么祈祷都不知道。我是多么怀念它——爱，我的挚爱和珍宝。我不停地问自己：你在哪里，我毕生都在寻找的那个你？我不停地呼喊：你悬在我头上是多么大的重量，哦，上天！

我脚下坚硬又冷酷的土地让人多么难以承受！我是多么想要展翅高飞——但又如何能飞入如此可怕、深不可测的天空里？飞吧，鸟儿，飞走吧，展开翅膀，永远不畏惧深远的天空！"

　　他听从了母亲的建议，去看了一个生物能量治疗师。"我的病情急转直下。我已经没有了退路，也再没有可失去的了，我见了先知、萨满、巫师。但最重要的是，最终见到了一个能够看到伪装、认知、恐惧、抑郁和愧疚之下的我的人。直击我的内心，看到真正的我。终于有一个人能听到我的心声，理解我，而我也能如此对他。他以爱、清晰的思维、魅力和真诚看我。在我心里，他是集父亲、母亲、朋友、兄长、恩师、学生、爱人等众多角色为一身的人。他就是希望。

　　"我被推进了一个新世界，是第一个也是唯一的一个我人生中真正能理解的世界。因此，我从恍惚的幻想中清醒过来，开始去学习。学习什么才是重要的，什么才是真实的。不久之后，我就将自己从众多麻烦事中解脱了出来：恐惧、怀疑、愧疚、焦虑、压力、沉溺、依恋、决定论、幻想——这个人轻而易举地就让我恢复到了原来的样子。

　　"经过两三个月一周一次的治疗，我感觉自己就像凤凰涅槃般获得了重生，就在这时，他将我放回了大街上——放回了现实生活中——他说：'从现在开始，你可以自己独当一面了，好吗？'我确实可以了，但其实这时候真正的考验才刚刚开始。没有人可以代替你去做必须要做的事，但是他们可以赐予你必要的力量、认识，为你指明道路。"

　　卢卡告诉我，起初他对灵性、能量、治疗、轮穴、祈祷、自信、自知等等这些手段的看法都很负面。他要么就是嘲笑这些方法和理念，要么就是完全漠视。他认为沉浸在灵性世界的人都一团糟，常人很难理解。但之后，他自己却有了亲身体验。"对于听不到音乐的人来说，那些跳舞的人看起来和疯子一样。"

听到卢卡讲述他的故事，我哑口无言。他总是能把非常艰难的事情以一种优雅有趣的方式说出来，总是用一种轻松的方式为事情注入希望。我记得那时我们参观他的家，在花园里铺张毯子，点根蜡烛，一起聊人生聊到天亮。我记得自己离开的时候非常平静，内心充满了希望。我的灵魂得到了滋养。

卢卡对焦虑有一种坚决的态度。据他所说，只有在他允许恐惧和幻想说服自己它们的真实存在时，焦虑才会找上门来。大部分时候，他都是看到对自身或者生活持错误认知的人遭遇惊恐发作和焦虑。"能量和意识水平都比较低的人容易出问题，潜意识的攻击几乎都无可避免地导致焦虑和惊恐发作的发生。"

我反复回味这句话，本能地试图压制自己内心积聚了大量的愤怒这一想法，但最终也没成功。因为我确实累积了很多愤怒，而且我已经学会了如何去控制。

"但是如果碰上合适的环境，其实会发生在任何人身上——甚至是在其他方面意识很强，身体和心理大体上都很正常的人。我必须补充一点——一个人越敏感、越有同理心、越容易受到环境的刺激，患上焦虑症的概率就越大。"

我就是这样，我想。我继续听他说。

"人类属于一个更大的整体的一部分。人类与地球、宇宙和干净的良知紧密相连。与无限、绝对真理有关，与一切无限和绝对真理的事物有关。一切都交织在一起，一切都是一个整体，但是我们的生活主要还是自身信念和基因的一种反映。我们将内在的自我投射给外部世界。然而，我们的自我意识——'我是'的意识——却隐藏在'分离'的错觉之下，这就是包括焦虑在内这个世界所出现问题的原因之一。这种局限的人类认知，我与你是分离的，其他一切看上去都像走到了发展的死胡同。我们变得过于以自我为中心。

"就好比大自然创造了一部分自我，而这部分自我是与大自然分离的。根据自然的法则，这样的事情是根本不可能存在的。所以每当我们反抗，其实是在否定自己的内在本质。如果我们能理解这一点，就可以从更全面、多层次的角度去看待我们自己以及我们的同胞。然后我们就可以寻找所有的异常、疾病和焦虑的原因。"

我自己也有同样的感觉，而且这种感觉一直萦绕于心；我需要亲密感和归属感，但却哪里都找不到，这就是有时我觉得活着好难的原因。

我想知道卢卡对童年的重要性的看法。"每次我们都试图找出元凶，我们会自动假设自己是受害者，这种做法我不接受。没有人需要为我的生活负责，所有发生在我身上的事情都是我自己的选择，这是我的命运。单单这一次经历比你读过的很多书都要更有价值。"他语气坚定地接着说道，"除了焦虑、困惑等一些起起伏伏之外，我的童年记忆都是美好的。我生活在城市，但有很多时间都是在森林里。我是幸运的。我不想去谈我目睹到的辱骂、身体暴力和其他不愉快的事情，因为如今我明白所有这些都是成长和学习的必经之路。我庆幸有这些事情的发生。我从父母、祖先、老师、朋友、榜样以及整个社会中所受的每一次'伤害'正是我需要用来把自己从麻木的状态中所唤醒的。

而当我将每一次伤害都理解并消化之后，它们就变成了我理解周围世界的方式之一。除此之外，我还会珍惜自己未出生前的那些记忆，它们为我看待所有事物提供了一个崭新的、不同的视角。"

听到他这样的想法，我有些震惊，但我还是让自己镇定下来，询问了他关于伴侣关系的看法，因为很多人焦虑的起因都是亲密关系，或者只是在亲密的关系中才会焦虑。难道在这方面我们已经深陷于困境之中了吗？他是怎样理解伴侣关系的？

"伴侣关系是我不喜欢用在爱人身上的一种表达，因为它总会让我想起商业交易¹¹——虽然从某种程度上说也有些道理，因为在这一层面上，我们都类似于性工作者，售卖或者交换自身的一部分，甚至完整的自己，以获取实现幸福和满足所需要的所谓的另外一些事物。但说实话，这种观念只会导致我们过度依赖某种关系，以争取到能量、认可和确认，导致我们固执地试图证明自己是对的，以获取爱或者可以取代疏远和恐惧的其他什么东西。这不是正确的方向，不是我们所寻求的。爱不是交易，不是期待，它只是存在和给予。在内心深处，我可以区分有条件的爱和无条件的爱。我爱我的朋友原本的样子，我对他不抱有任何期待——但我依然得到了一切。这怎么可能？我不像臭味一样缠在他身边。我不下最后通牒，我不会有期望。

"真正的友谊是一种祝福，是一种美好的爱。我甚至无条件地爱我的秘密情人（她或者他）；在充满激情和快乐的短暂相会中，我给出了自己的全部，不带任何的评判，对明天即将发生的事情、对与错，不抱任何的期待。我就只是存在着，活在当下。没有任何恐惧，我在这里，和我的一切在一起，就像个孩子。于是呢，目前为止我的恋爱经历丰富多彩。美丽的、有趣的、平淡的、激情的，所有这些我都可以再重温一遍。我没有过怨恨，也没有过后悔，我和之前的'女性伴侣'都保持着不错的友好关系。我受到过伤害，也伤害过别人。但最终都以某种方式呈现出好的结果，就像它本就应该有的样子。两个命中注定的人相遇并交织在一起是一件很美好的事情。"

卢卡认为，考虑到我们所处的这样的社会，很快不焦虑人群就会比焦虑人群更加稀有。那焦虑症是如何改变他的？"实际上，事情正在'顺利'地朝着更坏的方向发展。"他笑着说。

当我和卢卡分开时，我十分感谢我们此次的谈话，以及我们之间所交换的能量。我感觉到强大而满足，然而最重要的是，我知道自己走的路是对的。我的灵魂再一次得到了滋养。再一次，我意识到和充满正能量的人分享自己的故事有多么重要。特别是那些对你有正面影响，能让你一下子变得更快乐的人。

11 伴侣关系英文为 partnership，多指商业中合作伙伴关系。——译者注

我们变成自己想要的样子

自我疏离是焦虑症的一个关键因素，至少对于我来说是这样的。目前为止，我的人生是以晚归为标志；如果我到家够早，而且又不是太累，我会辅导女儿做家庭作业，做晚饭，处理些工作上的急事，然后哄孩子睡觉——当然，难免少不了要讲个故事或者聊聊天。我从来不出去和人约会，因为真的是没有时间，我也没有能够只属于自己的爱好或者其他什么事情。那些能为自己和喜欢的活动腾出时间的人真是幸运。

所有这些任务，以及我停不下来的匆忙，让我可以不去面对当下。未来闪耀在每一个地方，而现在却总被证明是难以企及的，因为我一直都在往前看，几乎不曾回头望向过去。然而当下才是应该被认真体会，尽情享受的。我们必须停下来，看看自己周围，因为当下对于焦虑来说十分重要——如果你开始焦虑或者惊恐发作，当下才应该是你所关注的。你想想就在此时此刻，是什么正在威胁你？如果我们能够一直活在当下，就不会有焦虑了。

我是通过自我治疗才第一次意识到自己需要关注当下，活在并乐在此时此刻正在发生的事情。简单地想一想——有多少次你会专注于自己正在吃的东西？你有尝试过品尝每一口食物，与此同时不做其他任何事吗？这是一种很好的训练方式，思想在现在，在现实中，在当下，没有在很远的地方。就算我们在吃饭的时候阅读，我们也没有存在于现实中，而这对于变得有自我意识而言是极其重要的。

一些人提倡我们变成自己思想的观察者。这就意味着，当一个想法出现时，我们不任由其占据我们的思想，不变成它的奴隶，而这两点对于焦虑来说尤为关键。我们冷漠地观察它，在我们不需要的时候允许它离开，这点对于负面想法来说尤其重要。我们一定不能允许它们来战胜我们，恐惧也一样；不去认同，而是要保持观察者的身份，通过这种方式，我们就能够阻止恐惧在我们心里滋生。

任由我们的想法发展会导致它们变得十分强大，最终我们真的会被自己的想法奴役。然而另一方面，我们不需要让所有想法都消失，这样我们会发现，生活在完全的自我意识中会更容易。因此，我们要控制自己的想法；消极的想法可以被积极的想法取代，否则我们就需要远离它们。但我们必须长时间有意识地坚持下去，这样就会形成自动的反应。

我曾经讶异于这样的主张：我们大部分的想法要么是消极的，要么是多余的，因为我们清醒的时候，恐怕有一半的时间大脑都是在游离，这也可能是我们痛苦的根源。我们清醒的时候，大脑有一半时间都在游离，你能想象吗？如果我们能控制自己的想法，就同样能够控制我们的感情；而这有利于身体机能正常地运转，有利于与自己和他人建立更好的关系。思想控制在念头训练法[12]

中有所描述。

　　我无意中读到了埃克哈特·托利的一本书，得到了很大的帮助。托利强调，我们的想法是我们自身的毁灭性因素，而我们所犯的一个致命错误是，我们过快地对自身想法给予了认同感。如果我们的想法背负了太多的过去，那么我们就完全没有活在当下，我们不去体会它、感受它，所以历史总会重演。只有当我们关注于当下的时刻，认识到只有活在当下，我们才能为未来做好准备，才能够继续前行。我们的思想总是在试图否认现在，逃避当下，因为这样会有助于它存活下来。它不断地到未来，回到过去，让我们饱受折磨。我们越能活在当下，经历的痛苦、压力、消极的想法、愤怒和悲伤就越少。而又因为当下的时刻是所存在的一切，所以我们需要——如同托利所说——顺其自然。在我们已经认同自身思想之前，我们的生活将会被自我意识主宰，而自我意识则常常处于危险的边缘。这意味着什么？意味着我们在被自己的恐惧支配着。

　　就像我之前写到的，焦虑症的主要原因是我们一般都会害怕些什么。虽然从本质上来说，这种恐惧总是离不开生活本身，但通常都无法识别，所以心理上的恐惧和直接的危险之间并没有任何联系。问题是，就在此刻，我们人在这里，但思想却被其他某个短时的维度占据。简单来说就是——背负着过去的人生让我们沮丧，而被未来占据的人生则让我们焦虑。

　　就我自己而言，我从来没有过关注于当下的生活。除了去登山的时候可能，我不得不重新审视自己对待变化的态度。生活中一切都在变化，没有什么能一成不变，一切都在发展。而这一过程也会带来很多的不确定性和恐惧，而这两者也是我们必须去抵抗的。

我并不是说我们需要把自己交托给命运，完全顺其自然。但我想说的是，不撞南墙不回头其实并没有什么意义。人们在不依恋任何事、任何人的时候通常会更快乐。这不意味着他们就不关心别人了，但这确实意味着他们没有不成熟的牵绊甚至是成瘾性，而后者有时会被错误地解读为爱的证据。

我发现（并不是说我已经知道如何去做）摆脱依恋实际上算是一种解决方法。我们对工作、薪资、汽车、房子、伴侣、父母或者朋友的依恋越少，承受痛苦的可能性就越小，强调一下：我并不是说我们什么都不应该去关心，我的意思是，要认识到一切都是瞬息万变的。我们应该站在远处去看待一切事物，因为如果我们把自己和所有事物相提并论，就注定很快要将自己推向悬崖边。美国弗吉尼亚州的一项研究请700位参与者做了11项实验，研究结果让我大吃一惊。它表明，大部分人仅仅和自己独处上6到15分钟就开始感到不自在了。

压抑消极的感受，逃避解决问题，这会赋予所谓的消极主义额外的力量。逃避自己的感情会导致各种心理障碍，例如强迫症、焦虑症、抑郁症、惊恐发作，以及各种成瘾性。因此，如果我们想成功地解决我们的问题，实现个人的成长，那么花时间和自己以及自己的思想相处就非常关键。匆忙是一种慢性杀手，迷恋工作也是，它们都会导致我们过度工作以逃离自己所遇到的各种麻烦。然而很多人就是如此，他们始终都不快乐。

消极情绪是生活当中不可缺少的一部分，越早面对越好。我甚至认为它对精神成长也很必要。所以说，一味地逃避并不会让我们的生活变得更好——可能短期内会，但长久来看绝对不会。

于是我终于开始面对自己，很慢，但很彻底。从书中寻求帮助，对所有事情保持一定程度的距离。最终，我向自己证明了内心的想法究竟有多么重要，信念或者想象真的可以创造奇迹。

12　在这里指的是一种将人的注意力集中于当下正在发生的事情的心理过程，而这一过程可以通过冥想和其他的训练方法来实现。念头这一说法是巴利语 sati 的译文。

初步的自我认知

当然，没有什么事情是完美的。这是条漫长的道路，我还没走到终点，但我庆幸自己能有这样的经历，因为我依然希望去探索、学习和发展。至少暂时我还可以挺过最糟糕的时候，而且得非常警醒才可以，关键在于我能不能控制住自己的思想。

但你知道的，风平浪静的时候，航海是一种乐趣。只有在波涛汹涌的时候，你才能真正看到自己能力有限。风浪越大，越是难把船控制好。当然了，没有哪片海是不起风浪的。

每次我开始感觉好一些了，以为自己已经掌握了观察、注意和控制自己思想和感受的方法——运用这些方法我就能够找回内心的平静，就总会有新的事情出现。很多事在困扰着我，尽管主要是因为我在任由它的发生。很多"风浪"都是我们自己造成的，事情的起因不总是来自外部。除此之外，我的家人也起到了推波助澜的作用，致使我的"航海"之旅更加艰难。

我尝试了各种可能的方法：冥想、自我放松训练法、肌肉放松、普拉提、户外徒步、读书，通过有意识地感知当下的时刻来做念头训练。我还不得不决定要和谁保持联系，和谁断掉联系。

最后，我还得设定界限，而这是最难的一步。后来——以前从来没有过——和我谈过这个问题的每个人都认为将自己的感觉表达出来，在特定的情况下维护自己的利益，这再正常不过了——所有人都觉得很正常，除了我。因为我会觉得这样做无耻又粗鲁，会失去我一直以来都想取悦的人。

一段时间——对于我来说是一年——之后，我终于在最棘手的关系中也能开始设定界限了。在一些极端的情况下还是会有例外，而且时至今日这个问题还是存在，我也不知道是什么原因。重要的是我已经学会倾听自己，这在以前是不可能的。当我的行为和感情无法协调的时候，我会感受到内心的冲突，并开始寻求解决方法。我需要有意识地提醒自己：这样做并不是粗鲁或者自私，只是我已经开始能把自己放在第一位了而已。

事实证明，要想不被生活中的每件琐事所累也很难实现。我试图去忽视这些事情，而且不断地告诉自己，这不关我的事。举个例子：如果有人许诺了我一个职位，但却在之后几天甚至几周内都迟迟不给出一个明确的决定，这真的是我的问题吗？曾经我会因此而愤愤不已，会反复回想上千次，然而现在，我只是稍微分析一下，接着就会将它放到一边，抛到脑后。如果有人不负责任，不守信诺，那这不是我的错。

卢卡，参与此书故事讲述的人之一，对此有很好的解释："当遇到不顺心的事情手足无措时，求助于你自己。"但之前我的想法是：之所以会有这样的事情发生，肯定是因为这个人在愚弄你。这个人不在乎你的感受，你太没用了，所以他才能捉弄你。如今，我能够对自己说：他本可以从我这里得到很多，这是他的损失。

很明显，是他有问题，而这与我无关。

这些事情看上去微不足道，但实际却十分重要，也正是在这个过程中，我开始打造一个更美好的生活。不可避免地，暴风雨还是会突然降临，卷走一两块基石，但我依然能持续地、逐渐地、缓慢地取得进步。实际上，我在一步一步地发现自我。

一切自有天意，不同的事情怎样去看待，怎样去理解，怎样去解读，以及做出什么样的反应，这些都取决于我们自己。我并不是想说，我们要从每件事中看到其好的一面，因为这明显不可能，而且我们所经历的事情也并非都积极正面，但以一个辩证的、分析的态度去设法过滤掉消极面，从而形成自己的看法，这是我们可以做到的。这是自我学习以变得更加小心，或者说改变做事方式，变得更加谨慎的唯一方法。

我记得我的求职申请被拒绝过很多次。说实话，我都还没准备好重返职场，我甚至一度不知道该从哪里开始。这真的是场危机，第一场工作危机，因为在此以前，我一直都知道自己想干什么。然而现在，我什么都不想干，这种感觉让我很意外。我刚刚将新闻和公关两个职业从我的列表中划掉，就发现一切都要从头开始。现在该怎么办？我冥思苦想，不断地告诉自己：办法会在你最不经意的时候出现。

的确，我已经在心里暗暗做出了决定：我希望能有一个有序的、平和的工作环境，一个清晰的发展前景，一批有能力的管理人员。我的精神科医生就是这么告诉我的，但我没听进去，我花了六个月的时间才想清楚。在内心深处，我其实并不是真心相信我配得上在一个稳定的环境里工作。你能想象吗？我就硬是觉得自己不可能那么如意，但当别人谈起这类工作时，我又觉得很正常，难以想象！我居然认为我的朋友值得拥有这样的工作，而我不配。

一旦我意识到这些想法，意识到自己在想什么，我就很震惊。为什么她比我更值得？因为一直都是这样。我习惯于"perasperaadastra"[13]，在抵达"天际"——不久后，我已经踏上新的苦旅了。我还是没有真正意识到自己在做什么，所以对于我来说，这是一个全新的发现。因此，我无意中一直在维持着一个滋生冲突和愤怒的理想环境——因为我认为自己就该这样。或者可能是因为在内心深处某个地方，我依然需要它，不想就这么放手。

有时我在想，我的天，我究竟需要抛弃多少错误的观念和想法，才能彻底告别一切具有破坏性的旧习惯！但同时我又乐此不疲地吸收着所有新的知识。只要可以，我愿意一直学下去。因为每当我遇到困难需要独自努力解决时，我总是会去深入了解关于问题的一切，直到问题得到解决。这让我感到充实快乐。

然而除此之外，我还发现自己越来越自我封闭了，专家称之为轻型社交恐惧症。不，我一直都不相信这会发生在我身上，之后我才意识到，社交恐惧的种子已经在我心里埋下很久了——从出生到现在。

13 拉丁语中常用的一个短语，可译为"循此苦旅，以达天际"。

关　系

　　我总是特别喜欢交朋友。也就是说，我喜欢见到新朋友，并向他们学习。对于我来说，投缘的交谈是灵魂的慰藉，身体的放松，心灵的愉悦。它们让我充满能量，它们赋予我对生活全新的见解，但是我们依然可以从失败的交谈中学到很多，而我在焦虑期间还未曾完全意识到这一点。

　　我还在电视台做记者的时候，和其他人的关系通常都很疏离。也就是说，我和很多人维持着很多联系，但全都很肤浅。总而言之，想和他们进一步发展成好友或者深交是不可能的。

　　在患上焦虑症之前，我喜欢出去社交。我很乐意和别人出去喝杯咖啡，谈天说地。然而当我不得不待在家里的时候，我开始把自己封闭起来——我自己甚至都没意识到。那个时候，就连那些肤浅的关系也都消失不见，一个月又一个月地过去了，我慢慢地退出了社交圈，因为我没有归属感。我希望事情有转机，但有意思的是，我不再想挣扎了，因为我对一切都很失望。

　　我在这本书里提及此事是因为毋庸置疑糟糕的关系伤害了我，是导致我崩溃的原因之一。尽管如此，对于这些人我还是抱有感激之情，因为在某种程度上，正是由于和他们之间的关系，我才能从某个世界的桎梏中解脱出来，一个不允许有创造力的人工作更无从谈发展的世界。一个充满恐惧、犹豫、被误导的价值观的世界，一个笨拙地寻求关注的世界。如果我想要进步，这些解脱都是必须的。所以在这点上，就算是以一种十分有害的方式，我也想感谢所有让我的生活变得更好的人。在这个基础上，我才能激发出自己所有的潜力。

刚开始的时候，因为太累，所以我在家从来都不接电话，但是之后这一习惯在潜移默化之中对我的影响越来越大。我不记得究竟是什么时候发展到现在这样无路可退的地步的，但似乎是在一夜之间，和其他人在一起的时候，充斥着难以想象的痛苦紧张，不安虚伪。如果是偶遇到谁，这些感觉会变得无比强烈。

在任何交谈中，我都很苦恼，因为我总在想自己看上去够不够轻松，审查从自己嘴里说出来的话，控制自己的眼神和说话方式，这一切我都做得太过了，以至于都无法再和其他任何人沟通，也无法正常交流任何事情。至少我是这么想的，我坚信我所见到的每个人肯定想法都一样，都在问自己这个人到底有什么毛病。

但是我与所有人和所有事隔绝了六个月。不管什么时候我接到电话，都会想出各种各样的理由（当然，是关于自己的）来逃避出门，或者我根本就不接，只是在之后回复，通常都是发短信，这样更客观。我记得有一次我真的出去和朋友看了场电影，在影院好几次我都有反胃的感觉；我坐立不安——不是坐立不安，是极其不适。在观影途中，有好几次我都有几乎要控制不住自己走出影院的冲动，我是真的快承受不住了。电影结束后，朋友邀请我喝一杯，但我编了个谎话，声称女儿还在家等我，其实那时她已经在她父亲那里了。那场电影消耗掉我很多精力，我等不及要回家躲到毯子下面了。

我还无数次地拒绝了去远足、喝一杯、旅行或参观的邀请。而让我吃惊的是，我拒绝的次数越多，对方却变得越坚持。好吧，我的两个朋友不能理解这是我的问题，和他们无关，他们转而开始怨恨我。尽管我发消息向他们解释，他们还是一直生闷气，最后开始完全无视我。我很难，但也别无他法。有一次，我几乎把自己的情况向一个朋友和盘托出了，但自此以后，她再也没联系过我。

好的一面是，我开始能基本判断出谁是真正的朋友了。有意思的是，最理解我的人反而是那些只是偶尔在几次会议和讨论中见到，并没有定期见面习惯的人。但是我不怪任何人，很有可能我也冒犯了我的朋友们。不成熟的人沟通时确实会发生这样的问题，我有时也无法理解别人。和与自己经历相似的人在一起时，我的感觉是最舒服的。

就像我之前说的，与人保持联系让我深感压力。要强迫自己去商店，去喝杯咖啡，去散散步或者去其他任何地方，对于我来说都极其困难，就连去海边度假都变成了一种折磨。出发之前，我总是非常紧张和焦虑，还记得被电视台开除后的第一年，我完全没办法去度假。女儿去了夏令营，而我只能整个夏天都待在家里。做出这个决定我内心经历了无数的斗争，而这就已经消耗了我所有的精力。

更糟糕的是，我没有人可以倾诉。我需要一个肩膀可以靠着哭泣，需要一个人紧紧地抱着我。但我十分确信这样做只会因为自己的问题给别人带来困扰，而且也没有人那么关心我，愿意花时间倾听并安慰我，他们很快就会觉得我疯了。最终事情发展到我开始考虑请陌生人来给我个拥抱，告诉我一切都会好起来的地步了，我甚至都开始考虑花钱买这种服务了。当然，我就只是想想，绝不会真的这么做——但是没错，情况确实已经如此糟糕了。

在我人生的黄金时期，我已经走到了既没有友情，也没有爱情的拐点上。显而易见，且我也不断告诉自己的是，我病了。

马尔科·普莱泽利:
"我数着日子一天天地过，从不去多想"

我只是大概知道有马尔科这么一个人，因为他是我一个朋友的老公。之前我们一直都是一帮朋友在一起，没有单独见过面。他也在脸书上联系了我，这真是让人难以置信——好多熟人甚至朋友都是因为焦虑而露面。最有意思的是，我们彼此都不知道对方也有焦虑的问题。

马尔科给人的印象是一个沉着冷静、讲道理的人，从来没有反应过度的时候。穿着一身黑色衣服，再加上奢华的外表，他总能吸引路人的目光。他比较内向，说话做事之前总会再三考虑。但在第一眼看上去拒人于千里之外、冷若冰霜的外表下，他其实是非常具有同理心的。

他是在卢布尔雅那城堡[14]担任录音师时经历了第一次的惊恐发作。"起因是由于幽闭恐惧症，当时我在城堡低矮的地下室里漫步。我不知道自己怎么了，但因为我大部分的工作都是在户外，所以还算可以承受。之后，每天晚上睡觉前都会这样，那时我的身体已经完成放松了下来。我感觉自己在沉沦，由于这种感觉极其异常，我还出现了惊恐发作，我以为自己就要完了。随后我和母亲聊过这件事，她告诉我，她自己也有过同样的经历。我去看了我的家庭医生，他也没帮到什么忙，他给我开了镇静剂和安眠药。"

最严重的一次焦虑发生在他深夜坐火车的时候，他有种想直接下车的冲动；他迫切地想下车，差点儿没能坚持到家。"特别难受，好像自己的一部分想要把自己的身体撕碎。紧接着我心跳过速，有种末日来临的感觉。"

有一段时间他只是在观察这些变化，直到有一天，他承受不住了。"我开始对自己做积极的肯定，并写到了纸上，存到了手机上和工作电脑上，这样不管我走到哪里，它们都在我身边。每当焦虑来临的时候，我总是对自己说，我受够了。有时，我真的会大声喊出'我受够了'，一遍一遍地捶打着双膝。奇怪的是，这样竟然有用。我喝缬草 15 水，用网络电台收听舒缓的音乐。这很有可能帮助我放松了身心，因为我自己也是个音乐人。我从不读任何精神方面的文献，因为我认为每个人都必须找到自己的方式走出去，走上得救的道路。然而时不时地我也会碰巧读到一篇写焦虑的与众不同的文章，提醒我这些事也会发生在别人身上，而且就其本身而言其实也没有那么糟糕。"

一年半以来，马尔科每天都在与焦虑做斗争。在此期间，只有当他完全平静下来，和自己、和本我建立了紧密的联系时，才会感觉好受一些。

"意识到这一点，我开始发觉留给自己的时间从来都不够，其实我一直在逃避自己，只要我停下来，有足够长的时间在身体里感受自我，焦虑和惊恐就会消失。"

他在自己身上寻找焦虑和恐慌的原因。他从不和任何人谈论此事，因为他和别人有距离感，相信除了自己没有人可以帮助他；靠人不如靠己，然而这个方法并没有起太大作用；事实证明，这只是个暂缓之策，所以他又继续寻找新的方法。

"我意识到自己责任感不强。对自己，对伴侣，对尚未出生的孩子，都是如此。那是我女朋友第一次怀孕，忽然之间，我对未来生活的设想开始幻灭。但是毫无疑问，造成这一问题的部分原因要追溯到我的童年。那时候我就已经开始疏远自己的同伴，因为我不被周围人理解，至少我当时是这么想的，我身边每个人都竭力去获得尽可能多的物质财富。好吧，可以说我也是这样，但绝不会没有底线。我不明白为什么要那么趋之若鹜地去实现空虚的目标，你们可以说是我太天真。"

但是就像他自己所说的，随着时间的推移，马尔科意识到天真也可以是一种美德，可以为己所用，利人利己。

"我是内外向型人格。内向的我已经变得不信任他人，不确定他们是希望我恢复健康，还是盼着我生病。不愉快的童年经历会影响成年之后的生活，但是这几年我已经战胜了惊恐发作，也改变了对自己以及周遭的看法。过去我常常因为别人而感觉受到了威胁，现在我明白是自己太在乎别人的想法了。难熬的日子已经过去，而这一认识为我的内心带来了很多平静，也许这是那些烦人的病发时刻消减的另一个原因。"

在患焦虑症期间，马尔科还饱受失眠症的困扰，所以他极度疲惫，而这似乎加重了他的惊恐发作，他的工作对焦虑症也有影响。在他和伴侣都开始在自己身上找原因，一起讨论眼前的问题时，他的恋情有所改善。他们得出一个结论：他们对彼此的期望是影响两人之间关系的主要因素。

"我之前的每段恋情都建立在我前面所说的不切实际的期望上。而不论早晚，最终显而易见的是，我的另一半没办法达到我的期望。我领悟到自己是在寻找一种迷恋，但却总是只找到一个人，在认识到这一点之前，我不得不经历好几个伴侣。如今，一切都不同了。我已经坚信，在除去别人眼中的刺之前，要先去掉自己眼中的梁木。"

他因焦虑症而改变，就像我们每个人一样。"我努力让自己变得更好，抚养孩子，经营生意。每天我都看到这个世界建立在错误的根基之上，而想到自己正在处理擅长的事情，会让我感到轻松一些。我数着日子一天天地过，从不去多想'我盼着周五、周末或者夏天的到来'，对自己和对其他人我都有了很多了解。但重要的是，我开始将'自己'和'其他人'区别开来。最根本的改变是，我的责任感仅限于用自己的力量去做事情。现在我已经不会再拿自己无能为力的事情来烦扰自己了，而正是因为如此，我不再痛苦了。"

14　卢布尔雅那市中心上方城堡山的一座城堡建筑，是市中心的一个主要地标。

15　缬草，多年生开花植物，夏季多头开花，呈粉色或白色，有芳香气味，其根部通常被认为有镇静和抗焦虑效果。

心理治疗

在没有工作，也没做其他任何兼职的日子里，我付不起专家咨询或治疗费，但我还是成功打听到有关心理治理的一些消息，据说——至少在一段时间内——是免费的。

我联系了同意见我的心理治疗师，刚一见面我就喜欢上了她。互相认识之后，我们约定下次会讨论我的治疗方法。尽管如此，我至今都不知道她选择的是哪种方法，然而我们之间的谈话绝对帮到了我。我们追溯到我的过去，费尽心思想探寻它对我现在状况的影响，在我身上种下了怎样的种子。

我们发现，我的思想中存在着很多惧怕、紧张、焦虑、惊吓和毫无缘由、与我完全无关的愧疚感。还有我对别人的极度不信任，对自己的极度不自信。另外，有某种我至今都没有承认的创伤后压力。

"你承受了太多，"她告诉我，"治疗起来会比较困难，但我可以向你保证，你一定会有所好转。一切都会在你自愿的基础上去进行，所以你什么都不用担心。"

于是，治疗就这样开始了，我向她坦白了一切。我的惧怕、负担、责任，我与周围人和同事之间相处的问题。一层又一层，我们不断地揭开焦虑的真相。其实根据之前的经历，我基本上已经全都了解了，但还是想证实自己想的没有错。和治疗师的对话促使我允许自己去休息，放个假来犒劳自己，实现自己的一两个愿望。毫不夸张地说，她真的就是"允许"我在自己身上花些时间，不论是谁可能需要我，都不去想。

她还对我说，如果我要给女儿父亲打电话告诉他，"听着，你照顾她一段时间，因为我需要休息。"这一点也不过分，虽然我从来没真的这么做过。但是，知道这么做也完全没有问题让我感到开心。她也同意我再也不能让自己或者其他人把我踩在脚下，要是我没做到，那就是我的责任，我一个人的责任。

我们经常会谈到界限的设定，因为总是会触碰到这个话题。不管我多么努力地去尝试，却总也学不会——对任何人——设定界限。对于我来说，当治疗师大声说出下面这些话时，我总是感到心痛："达玛娜，你不爱你自己。在所有这些事情当中，你在哪里？你一直在说别人，我所听到的只有别人，关于你自己、你的需求和愿望，我一个字都没听到。

达玛娜在哪里，她想要什么？她错过了什么，她缺乏什么么，她爱什么？"不得不承认，这些问题对我的触动很大。我满腔怒火，愤愤不平——她怎么能这么说？我差点儿没忍住流下眼泪。

回家路上我陷入了沉思。我在哪里？难道我真的把自己完全忘记了吗？这个问题以及盘旋在我脑海中等待我念出的一个答案引发了一连串的问题，其中的一个重要发现是，直至今日，我确实忘记了去爱自己。我知道要坦诚面对自己的这一时刻总会到来，但还是竭尽全力在拖延，因为随之而来的便是对抗，生活中最残酷的对抗——我将不得不接受我这一生都在忽视自己这样一个事实。

一滴治疗过后流下的眼泪滑过我的脸颊。我哭了。

开启人生新篇章

　　心理治疗为我打开了一个全新的思路，或者说至少确认了我对自己已有的一点模糊的认知。我开始质疑自己，开始问自己问题，而这些问题我们当中的每一个人都应该尝试去回答。如果我们希望坦诚地面对自己，从而爱自己、爱自己的生活，那么这些就是我们必须要向自己回答的基本问题。治疗过程中的起起伏伏让人想起在你疯狂地荡着秋千时，你不知道什么时候因为荡得太高绳子就会断掉，然后把你摔在地上。

　　我是谁？此时此刻，我是什么样的心情？我感到满足吗？我想做什么？我想过什么样的生活？我真的不介意自己现在的状态吗？我爱自己吗？为什么我不给予自己这样或那样的奖励？限制我的是什么？它们到底真实存在吗？或者只存在于我自己的脑子里？我为什么不去做自己想做的？——通常人们会推迟自己实现目标的时间，简单地说就是拖延。然而这是为什么？要是再没有机会可以去实现目标呢？我们在害怕什么？失败？

　　如果是其他原因，焦虑问题也同样会出现，因为我们——正如前文所言——压抑着自己的情感，忽视了自己真正想做的事情。

而这正是一直以来，我和我的心理治疗师所想要解决的问题。我们还开始了对人际关系的探索：它们是什么样子，为什么会是这个样子。

所有关系都来源于一个人和父母亲之间的基本关系。如果在原生家庭中就得到了很多的爱和安全感，那么在未来的各种关系中，我们一般也会有同样的感觉。在和其他人产生亲密关系的时候，我们会感到安全安心，不会害怕。但是如果我们在原生家庭里过得不好，情况就完全不一样了。

假如我们在之后的人生中有过不愉快的感情经历，受到了某种创伤，那么我们同样不会拥有良好的人际关系。如果我们没有将这次创伤消化掉，将其放下，它就会一直跟随着我们。举个例子，我有个朋友，父母很有爱，即便她已经成年了，他们还在照顾她。他们给予她支持、安全感、帮助——我认为没有比这更好的关系了。尽管如此，她却因为和一个男人在一起而经历了一次重大的创伤。从此以后，她单身了很长时间，因为她已经不允许有男人接近自己。过了一段时间，她最终还是克服了心理创伤，和一个认识很久的老友开始了一段恋情。

而这就是为什么说常常问问自己的感受是有益处的，这样做可以帮助我们和自我建立长期的联系。因为如果我们不这么做，内心的冲突迟早要爆发，冲突会导致沮丧，沮丧又会导致强烈的不满足，而这又尤其令我们感到厌烦，从而对我们造成伤害，对其他人也一样。于是，我们便受到了恐惧的支配。

所以现在我已经知道到哪里去寻求支持，在哪里重新开始——尽管并不是那么容易。这不是一蹴而就的事，现在也依旧不是。

然而，虽然从未完全消失，但我所受到的冲击次数确实是减少了。它们通常会在我开始回忆过去的时候突然袭来，所以我只有在绝对必要的情况下才会这么做——比如现在我在写这本书的时候。

有时，我们无法去——纠正过去，这并不是说我们需要将过去压制住，而是说我们需要顺其自然，过去的事就让它过去。我们的大脑需要过去来存活，需要有所支撑。但如果我们不断地回忆过去糟糕的经历，自然就会给我们带来问题。有关于此，埃克哈特·托利提到，痛苦的核心就在那里——在我们自身，那里有来自过去的很多痛苦，我们的大脑想欺骗我们，让我们认为自己就是痛苦。然而对现在的全然的意识——念头——可以让我们意识到，痛苦的核心确实存在，但是我们没必要去认同。因为这不是我们本来的样子，而这正是托利提出我们不需要忍受痛苦的原因。因为在现实中，真正重要的只有当下。

全然的意识。要是过于由过去来定义自己，就会导致过去感受的再现，现在再经历类似事情时，就会期待有相似的感受。因此，我们是在过去的基础上去做判断、去生活，这根本毫无用处。我们需要知道，今日的我们已不同于往昔，如果我们不认同过去的经历，那么它们就不会再次出现——尤其是那些给我们带来痛苦的经历。过多地考虑未来也会导致同样的惧怕和犹豫，尤其当我们试图根据过去的经历来预测未来要发生的事情时更是如此。

我已经认识到，要做的只是观察与过去或将来有关的每一个负面的想法，而且绝对不产生认同感。我不去管它，因为它迟早会消失，或者我会用一个新的、正面的想法将它替换掉。说实话，我并不总能成功，但即便是在失败的时候，我也需要问自己：我怎么了，我是什么感受？这波情绪从哪里来？是来自当前的什么事情，还是过去的重演？而在这个过程中，我就已经开始自动冷静下来了。

当然，我们会发现自己在不断地失败，所以我们会悲伤、疲惫、暴躁、易怒、消极，但我们急需尽快意识到这一点。

有一次，我的心理治疗师告诉我："试着在家里做这样一件事：写下所有你认为糟糕的事情，再在另一张纸上写下你认为美好的事情。然后我们一起研究，认定它们是否真的糟糕，进而加以改进，把它们变成积极的事情。我们会从一个不同的角度来看待它们。"

在她提出这个要求后，我写下了自己的目标，以及通过达到这些目标实现我想的事情，随后我们讨论了为什么我之前从没有着手去做。听上去很简单的问题，但我很快就意识到，我总是将这样的事情一再推迟，始终在为自己找理由，这样就不需要做出任何改变。因为相比于尝试新的东西，努力了不确定结果或走向如何，待在自己的安全圈里会显然舒适很多。

这个简单的练习很棒。它起效了，我开始改掉自己的一些坏习惯。

在随后几个月的治疗中，我一直都在直面自我，把自己逼得越来越紧。我之前写过，治疗期间我还大哭过——突然之间就发生了，完全是意料之外。有时，我带着坚强、积极的情绪，面带笑容地来参与治疗，但刚过去十分钟，我就痛哭流涕。"这是一个净化的过程，别害怕，这很正常。"这一点我知道，但我还是很惊讶。人类情绪和内在本质之多变！在我们的潜意识中，隐藏着无

155

尽的维度。再一次地，我又来到了不知道自己究竟是谁的时候。

在认知的过程中，即便不知道自己是谁，也再正常不过了。

我依然在读小说，认真地挑选自助类书籍，我喜欢上了佛教的一些观点，它们对我产生了很大的帮助，简单的一些教义就能让你的生活变得更轻松。马丁·科伊奇 [16] 的《生活教科书》对于我来说是可以以一抵百的一本书，我甚至还读了露易丝·海的作品。以前在我眼里都属于庸俗文学的书，现在都变成了必读书。我划出了我知道能帮到自己的段落，一天又一天地不断回顾，直到它们都变为我的一部分。我反复在镜子面前大声地将它们读出来，或者是在跑步时，在森林散步时——只要有时间，我就会读。

因为我是那种需要让每一个主张、意见或者想法都得到证实的人，能解释给自己明白的，我才会去实施。只有我相信才会去做，而且当一个人想要改变时，相信自己所付诸的行动是很关键的。在这一方面我的状态还可以，我的满意度不断提升，我开始感受到希望、意志、激情以及快乐。再一次地，重新地，当然，时不时地我还是会被迫倒退一两步，但总体而言确实在不断进步。

我浏览了各种各样的网站，看了很多关于人类心理学的文章。我联系到了很多人——仅限于网络，但人确实很多。之前提到过的埃克哈特·托利教会了我如何努力去活在当下；他让我意识到，只要通过活着和观察，我们就可以永远地享受生活。仅仅只是活着，你就能够感知你的整个身体以及蕴含在其中的能量。而这一能量——实际就是一种强大——因为你做自己而产生的能量，包含着你的本质的能量，它给予你足够的力量，使你在将来不再生活在他人的认可中。是的，佛教和露易丝·海所告诉我们的完全没错：爱在自己心中，不必再另寻他处。当你找到并开始爱自己，就能够以某种方式和一切讲和，最重要的是和自己讲和。你会停下追逐他人、乞求别人来爱你的脚步，因为你会变得自我丰盈。

我没有工作，但我也几乎没有时间可以分配给任何一个人。有太多开心的事可以做，而我的时间又是那么短暂。读书，看纪录片、电影节优秀影片和动画片，写作，去感受大自然，然后一天就结束了，我开始享受生活，请允许我再重复一遍：偶然的跌倒和倒退依然是这种无与伦比的满足感的一部分。

在此之前，我只知道怎样通过所做的工作来定义自己：报道或者写作，编辑工作，撰写稿件。我是我所做的事情，而不是我的本质——我甚至从来都不知道自己的本质是什么，我从未花时间去关注自己和了解自己。我总是匆匆忙忙，从一项任务转到另外一项。你看，现在我终于找到了自我，只有我自己，我的天，感觉好极了！不要误会，这个过程还是痛苦且艰难的。然而某种深深的平静和自得在我心中暗暗生长，一种千金不换的心态。

我不再追赶着其他人和其他事情，相反，我告诉自己：不论发生什么事情都顺其自然。我不再担心没有人在身边，反而对于自己要做的事情有太多的想法，以至于根本无法决定要先做哪一件。

我想这就是我救赎的开始，我并没有想到钱，那个不顾一切地去努力和竞争的世界已经失去了它的意义。只要能和谁愉快地聊一聊，或者只是观察下午阳光的光束如何穿透森林，我就能够感到无与伦比的快乐和喜悦，这就是快乐的感觉。我意识到，快乐所需要的只是拥有一个被滋养的灵魂。于是我们便可以——哪怕只是一瞬间——停止寻找我们感觉到所丢失的任何东西，仅仅因为我们已经感到了满足。

然而如何能永远满足下去，如何确保这不是昙花一现，而会变成一个新的习惯，一种新的生活方式？这将是我的下一项挑战——一定不能操之过急。

16　斯洛文尼亚心理学家和演说家（1901—1978）。他撰写的数本自助书以及他的心理治疗工作和方法，在国外（德国、荷兰等国）广为人知，至今仍在不断重印。尽管在今天备受欢迎，但直到21世纪，斯洛文尼亚大多数的读者才读到他的作品。《生活教科书》于1935年首次出版，包括最近的日文版，至今已被翻译成几十种语言。

我的方法

我不是医生，也不是精神科医生，心理学家或者是心理治疗师，但我知道什么能帮助我远离焦虑。在某种程度上，丢掉工作对于我来说是一件幸运的事，因为要想让我给予焦虑和焦虑症充分且持续的关注，这是唯一的方法。

正如前文所言，一开始我是逃避的。我害怕会惊恐发作，害怕接下来的每一次发作。直到我最终无法再控制自己的情绪，我受够了。我不再压抑自己的感情，任由愤怒发泄而出。我气自己允许这一切发生，气自己忽视了自己的利益和声嘶力竭地表达着不满的灵魂。

从某种程度上来说，攻击性实际上是必要的。一个人必须能够为自己挺身而出，为自己的利益去争取。如果没有偶尔表现出的一点攻击性，我们什么都无法实现。我们还是会像一块消极的海绵似的，吸收着各种各样的毒物。鉴于此，我不认同每一次表现出的攻击性和愤怒都应该被消除，而且各种类型的精神病患者也是因为压抑了内心的愤怒。相比将这种情绪表现出来并与之抗争，埋在心里要糟糕得多。只要不会出现一种情绪胜过其他所有情绪，进而统治着我们的精神这种情况，那么所有的情绪都是可以表现出来的。

所以首先，我需要让我的愤怒发泄出来，然后去释放自己的攻击性——如果我想和自己的焦虑抗争的话。我告诉自己，不会让焦虑伤害我，但会以某种方式来与它抗争，我会邀请它来，倾听它想要对我说什么，之后我们就来看看谁更强大。我不会放弃，不会被动地等着被攻击，等着自己仅存的一点力气缓慢但不可避免地被消耗掉。我一直都是个战士，现在也是。

我怀疑（虽然还没有证据）在我宣布放弃将愤怒作为我身体健康运转的动力之一时，焦虑便出现了。我一直都行为得体，但愤怒依然保护着我，驱使我前进。它在告诉我：别放弃，起来抗争。要不是受到这样的鼓励，我是挺不过来的。这就是为什么我认为那些禁止任何类型的愤怒和攻击性的理论会引发长时间的沮丧。

也因此愤怒帮我解决了很多烦恼。我站稳脚跟，开始一个一个地去面对烦扰我的那些问题，我强迫自己重拾之前因为害怕生活而再也不想去做的事情。

我做了一个联系人列表，划掉了所有心地不善的人。我允许自己和他们打招呼，尽管内心无比愧疚，但我还是一直提醒自己这样做没有问题，我切断了一切不真诚或不平等的联系。例如，所有只谈论自己的人，他们偷走了我的能量，所以我感觉他们是操作他人的敲诈者。允许自己有这样的关系是我自己的错，所以现在我又不得不面对放弃这种关系的结果。

事情开始渐渐地好转。对于我来说，每一个小的改变都是一次小小的胜利，给了我大大的能量。我记得有那么一次，我状态已经恢复得很好，也不再感觉疲惫——实际上前几周我的生活几乎已经回到正轨——一个朋友打电话给我，请我立即去她家里，好像是她遇到了麻烦。她总是在遇到钱或男人的问题时找我，刚开始我很乐意帮助她，但过了一段时间，我发现她从不听取我的建议，也从不做出一些改变，这让我很恼火。

在我看来，我们的友谊似乎只不过是在浪费时间和精力，而在很长一段时间里，我一直拒绝承认，她只是在需要我帮助的时候才会打电话给我。

当然，我当时会去看她是因为那时我精力充沛，相信自己不费多少力气就能帮助到她。我们出去散步，刚走几步我的怒火就遮盖住了理性。我没办法呼吸，没办法再听她说下去。又来了！我想。我只是想帮助她——这是我来这里的原因，因为我乐意帮忙。我控制不了，我的身体不听使唤。

很快，我的快乐从指缝中溜走，我可以感觉到自己将要只剩下对于快乐的记忆。这不可能，我想。我就这样被一个只是说出自己烦恼的人搞得无能为力了？在此之前，遇到这种情况我完全能承受得住啊！

我被一股强烈的反胃感裹挟，没过几分钟局面就已经变得无法收拾了，我再也无法忍受了。"我得走了，"我谎称，"我刚想起来女儿在外面，她没带钥匙。抱歉。"

我知道听到我说女儿在外面没带钥匙自己还出门，朋友肯定觉得奇怪，但我一坐进车里把车开走，就如释重负地松了口气。我浑身都在颤抖，筋疲力尽。随即我意识到，是时候该清理自己的人际关系了，尽管同时我也觉得自己像个懦夫——让朋友失望了，也又一次地丧失了自己所有的能量。

然而有一些关系，我无法或者不想切断，对于这些关系，我决定设定明确的界限。首先是我的家人。自然，这对我亲爱的家**人来说难**以接受，中间有很多的争吵和抵抗，但如果我想保持健**康就别**无选择。对女儿我也设了限，以前我总是一切都为了她——而这正是我做错的地方。在这一切当中，我在哪里？打着母爱的名义，凡事都妥协，这么做真的有必要吗？不，没有必要。如果我只是为了自己要去做一些事，就应该感到愧疚吗？不应该。我开始学习如何去改变这种状况：慢慢地，也许太慢，也太晚。我不断地安慰自己，在这种情况下，迟到总比不到好。

本着这种精神，我还和之前的两任恋人也切断了联系，和这两个人之间的关系实际上已经没有什么存在的意义了。我一直都以友谊的名义和他们藕断丝连，但另一方面，他们却一直将我当作人质抓着我的把柄。同他们断掉联系让我感到心痛，但是我不得不承认，我们的友谊一直以来都并不是我想要的样子。一直都只是我在开诚布公地谈论一些事情，而这样是持续不了多久的。谁知道呢，兴许哪天我们之间的友谊又恢复了也不一定。

在我这样一步一步地实施的时候，我的负罪感每次都在试图发起攻击，但都被我击退了。我告诉自己：现在，该换他们来努力理解我了。虽然我想要去感到愧疚，但我控制住了自己的感情，不允许自己有任何疑虑。就这么做，到此为止。我不得不在自己**和其他人**之间做出选择，别无他法。很多次，我都差点儿没能坚守住；到今天还是会这样——每天都是。没有付出，就没有收获。

我的心理治疗师一直都在鼓励我："你做法没错，达玛娜。只要没有伤害别人，没有莽撞无礼，为自己着想就无可厚非。没人可以代替你这么做，除了你自己。"

　　过了一段时间，我感觉自己开始尊重自己了，我开始感觉好多了。

　　那时候，我遇到了一个在艰难时刻给予我极大帮助的男人。我们有说不完的话，大部分时候都是在通电话，偶尔会见面，也会一起出去。我们有着相似的问题，但他在治疗这条路上走得比我远得多。

　　我们花了很多时间讨论该如何去生活才不会毁掉自己。我不敢相信，我的生命几乎已经过去一半了，而我还依然在学习我是谁，我有多需要倾听自己的声音，我该如何对待自己。对于他，我万分感激。他会倾听我讲述所有的冒险故事，在我身处低谷时陪伴左右，不遗余力地鼓励我。在我半夜惊恐发作时，他会驱车三小时来到卢布尔雅那，帮助我度过危机。正如我说的，一切他都懂，所以他知道该怎么做。从我们的谈话中，我受益匪浅。谢谢你，安德烈。

达　莎：
"尽管我在接受治疗，但我的生活举步维艰"

老远我就知道是她。我们通过几次电话，很容易就能想象出一个个子高挑、眼神清亮、神情专注的女性形象。我正看着她，冲她微微一笑，想验证自己的直觉是否准确。当她也回了我一个微笑的时候，我就知道自己猜对了。

我们聊了一下吸烟有多么不健康，而且对于一些人来说，吸烟会刺激惊恐发作，这时我便意识到坐在我对面的是一个敏感的女人，受过良好的教育，有头脑，有能力。然而尽管拥有如此多的优点，她也总是担惊受怕。害怕什么？害怕独自一人，再也找不到可以一起笑看人生的成熟伴侣。

达莎的故事和其他所有人有些许的不同，因为她的焦虑是伴随着抑郁产生的，或者说焦虑和抑郁是同时发生的，二者紧密交织在一起。焦虑的根源来自抑郁，因此达莎不可避免地遭遇了恶性循环。

"在我小时候，青春期出现的问题对我的影响要比对同龄人严重得多，我的初恋对我造成了太大的伤害。但还只是更加悲伤，并没有焦虑，我第一次真正开始焦虑是在怀二胎的时候。在我怀孕七个月的时候，丈夫告诉我他爱上了别的女人。我受到了毁灭性的打击，心中的悲伤、失望和震惊无法言说，失眠、厌食、焦躁和哭泣随之而来。丈夫被我的反应吓到了，他答应我，我们之间绝不会有任何变化。他还说，他非常爱我。"

虽然一切都无法恢复到原来的样子，她的婚姻遭受了一次重创，但达莎还是在不知不觉中艰难地撑过了四年。"实际上，我一直担心接下来会怎么样，而这种担心导致我精神十分紧张。然而后来，我发现一直以来——整整四年——他都在出轨，所以我给他下了最后的通牒，让他在我和她之间做一个选择，因为我无法再这么继续下去了。他选择了她，一切都是在这个时候开始的。我的双臂疼痛，恐惧悲伤、无助绝望的感觉汹涌而来。我几乎都无法入睡，也完全没了胃口，三个月内体重掉了 17 千克，抽了无数根烟。这是我活着第一次以这种形式感受到身体的疼痛以及极度不安，和悲痛一起产生的是从未感受过的强烈的焦虑感，我还开始有了自杀的念头。"

达莎是一名心理学家，所以她判断自己的症状是抑郁的前兆，也知道自己应该寻求帮助。"我咨询了一位私底下认识的，我很敬重的专家嘉比。对于她为我做的一切，我感激不尽。她让我立即去看精神科医生，去拿药。要开始服用抗抑郁药物，虽然对于我来说很难接受，但是我知道这是唯一的方法，而且吃药是管用的。两个都有效——嘉比的治疗和药物。我能够说服我丈夫离开了。"

虽然身心遭受了巨大的创伤，但她的生活还是渐渐地回到了正常的轨道上。一年后，她遇到了新的伴侣，前景一片光明，她不再服用药物。然而没过多久，她就发现这位新伴侣并不是一个好的选择，感情问题浮现出来了。同一时间，她的父母病倒了。与她关系十分亲密的父亲很快就去世了，在那以后达莎病重。医生检查出肿瘤，她需要做手术，她第二个孩子的青春期过得很艰难。

"不知怎么的，尽管还是会间歇性焦虑，但我却在没吃药的情况下都挺过来了。五年之后，由于我的病情变得难以承受，我和伴侣分手了。刚开始，我如释重负，但紧接着就是严重的抑郁。我的精神科医生再一次地给我开了抗抑郁药和抗精神病药，然而尽管采取了多种精神治疗的方法，焦虑从来没有在我身上完全消失——虽然已经变得可以控制。

如今，虽然我在服用各种药物，然而一旦遇到应激情况，焦虑还是会出现——尤其是在恋情失败时。我其实已经独身八年了，在这期间所有在恋情上面的尝试都以失败而告终。虽说后来我的生活已经恢复正常，但偶尔出现的焦虑很可能就是由这种真切的孤独感造成的。

达莎的全科医生确诊了她对自己的诊断。她对自己对创伤的极端反应感到失望，但与此同时，医生又解释说她有抑郁倾向，而且像她这种情况，抑郁已经不再是急性的症状，而是已经变成了慢性病，对此她惊讶不已。五年之后，她的新精神科医生告诉她，她的痛苦已经成了她自身的一部分，所以她将不得不靠服药来度过余生，对此她伤心欲绝。

她最糟糕的时刻是什么时候？

"对于我来说，当我丈夫告诉我他爱另一个女人，当他还没准备从家里搬出去却已经不再隐藏他们的婚外情时，我受到的打击最大。所以我们继续在一起生活了六个月，房子里的紧张气氛让人窒息，我们基本上彼此不讲话，虽然他晚上还是会跟我同床共枕。我当时的焦虑已经严重到无法忍受，我动了自杀的念头。'硬撑。'我的嘉比这样形容说。悲伤，无法忍受的恐惧感，以及眼前的无底洞，这就是我当时的感受，有时半夜我有种尖叫的冲动。我吃不下饭，睡不着觉。我感到无助，担心将来带着两个孩子该如何生活。我担心要是能自己抚养，将如何量入为出，孩子们又会发生什么事情。我为家庭的破裂而感到忧伤，意识到自己再也不会有另一个家庭，而家庭一直以来都是我最重视的。"

除了服用抗抑郁药和抗精神病药进行药物治疗，达莎还咨询了几位不同的心理治疗师。

"遗憾的是，大部分治疗都没有用，因为我自己在这个方面要求很高。我还尝试着去参加小组治疗，发现自己并不适合。我阅读了大量技术文献，因为自己专攻认知行为疗法，所以又重读了自己的学习资料，然而当你试图将自己治好时，发现这一切都只是徒然。去读读书绝对是好主意，事情会变得更清晰，而且当你发现还有很多人跟你有一样的问题时，你会变得释然，然而唯一真正有用的还是一个优秀的心理治疗师。

至少我是这么认为的。我不是运动达人，尽管离婚后我常常用登山来填满自己的时间，但收效甚微。实际上，我周围亲近的人对我的帮助最大。我很幸运能有一群特别好的朋友，他们陪在我身边，邀请我去远足，参加夜晚的聚会和其他的活动。人，对话和社交，这些是我勉强度日的支撑。

刚一停药，抑郁就出现了，但是只要遭受了情感上的压力

——尤其是和男人有关的，她发现自己就会陷进自己的"黑洞"里，吃药也不管用。这种情况已经持续八年了，达莎很绝望，因为她似乎找不到解决的办法。与此同时，她的孤独感和想与异性交往的需求与日俱增。由于没有这样的机会，而需求却越来越强烈，达莎也越来越频繁地出现焦虑、不安和悲伤。

"也许我这个人过度敏感，容易抑郁，也容易失控，我确信这跟性格有关。不是每个女人离婚都像我一样受到了很大的创伤，也有很多人对于独处接受起来容易得多。"

达莎告诉我，她的童年很快乐，没有经历过任何的创伤或者类似的事情——尽管一些精神分析医生曾经试图劝说她相信自己的童年是不快乐的。她很幸运能有一个美好的童年，一对有爱的父母和一个安全的家。也许，她是因为被保护得太好了，导致成长得晚，但也就仅限于此了。

"我是一个特别开放、外向的人，没有怕过什么，也没有难以自已过。我很合群，有很多好朋友，大家都喜欢我。我和两个孩子之间的关系也堪称模范。我不认为其他人比我更有能力，我取得了很多职业上的成功，收获了积极的反馈，但作为一个女人，我确实比较失败，因为我在年轻的时候喜欢上的男生都拒绝了我，之后，我的丈夫像丢垃圾似的也把我丢掉了，至少我是这么想的。"

与我的其他采访对象不同的是，她没经历过惊恐发作，但却有自我伤害的行为——她会不停地划伤自己。这不属于皮肤病的表现，而是一种心理上的刺激，她大概是这么向我解释的。

因为她认为自己的主要问题在恋情上，所以我很想了解她和她老公之间的关系。

"我的婚姻不怎么成功，我的前夫和我两个人完全不同。他很特别，或者应该说是一个让人头疼的家伙，要忍受他的自大和一连串的精神失调对我来说不容易。很多次，我都忍不住发火，试图对他进行再教育，很可能对他造成了一些伤害。我有意变得包容灵活，但依然无法挽救我们的婚姻。第二次，我又遇到了一个嫉妒到变态的伴侣，他是以其他方式在精神上折磨着我，所以我甩了他。所以在恋爱方面我从来都不擅长，主要是我不知道如何去选择正确的伴侣。在包括和孩子相处的其他关系的处理上，我十分得心应手。"

达莎认为，相比过去，我们的社会对于焦虑和焦虑症变得越来越开放，但却依然还不够开放。"我们心中充满了偏见——我们会将去看精神科的人看成是有毛病的人，所以大家不愿意告诉谁自己正在接受治疗，特别是同事或者不太亲近的人。"

当然，抑郁和焦虑改变了她，达莎自己说："它们严重干扰了我的生活，所以虽然我在接受治疗，但还是十分艰难。"

达莎正处在抑郁和焦虑的恶性循环中，但是她也知道，只要她不允许，这个循环就进行不下去。然后呢？

散落着乌云的晴天

　　这就是我治疗的情况。只有当我开始决定自己的剂量，想做什么就做什么时——但是以一种分析的、周密的方式——我的情况才开始有所好转。

　　我从不吃药，因为我想尝试着消除病因，而不是病症，但是要做到很难。我时常想要放弃，转而去找我的精神科医生开药，但我没有。好吧，我确实请她开过两次安眠药，但我只吃了一次。我服用了三天，随后就又恢复了正常的睡眠，请允许我强调一点：我完全不反对药物治疗。每个人都会找到自己的治疗方式，而据一些人对我所说，药物治疗对他们起到了很大的帮助作用，但是我尝试着在不服用任何药物的情况下治好自己的焦虑症。我做到了——勉勉强强，但我确实做到了。

　　在我的朋友安德烈的大力帮助下，我慢慢地开始与人建立新的关系。他自己有过类似的痛苦经历，所以知道他的帮助对我来说意味着什么。

　　在家里和我爱的人相处时，我已经做得很好了，然而一旦踏出自己的舒适圈，情况就变得有些复杂了。

我记得有一天我决定去安德烈的家里拜访他。连续数个月，我和别人交流都只是通过邮件和社交网络，所以这次出门对于我来说是个大难题，离家的时候我如芒在背。我是一个人去的，女儿在她爸爸那边。前一天晚上，我就没睡好；我睡得很轻，不断地醒来，紧张又不安。其实那段时间我的焦虑原本已经完全减弱了，我每天睡得像个婴儿似的。

我始终无法相信这样的事情正发生在我身上。我没法开自己的车到斯洛文尼亚的另一头？我，谁都知道的那个曾经为了上班要开车到莫斯塔尔和赫瓦尔岛[17]那么远，一周有三次要开到马里博尔[18]的那个我？我，一直都爱开车的那个我？我，想成为一名拉力赛车手的那个我？是的。我害怕坐进自己的车里，连开到卢布尔雅那市郊都不敢。

当然，这种软弱的表现更让我沮丧。确定我没有前功尽弃，回到刚开始的状态？有时候我对自己也真的够无情的。然而，也许是因为我从来没真正见过安德烈，所以才有些不安。现在——我写到这里时——我真的不明白自己为什么要那么紧张。

我记得自己刚一开出卢布尔雅那，焦虑就突然袭来，在公路上开了半小时后，它开始用尽全力试图爆发出来。我勉强才将一次惊恐发作压制下去，我做到了。而第二次的时候，它无法再渗透到我的意识当中；它放弃了，因为我更强大。我将它用力甩掉，踩在脚下。我不想再听到关于它的任何消息；我命令它从此消失，还我一片安宁，因为我是一名战士，所以任何抵抗都是无用的，不会有什么好的结果。

我开始利用我的愤怒——可以让我前进的正面的愤怒。你打

171

不倒我的，焦虑！你能这么强大是因为在你身上我发现了自己做错的地方，然而现在，到你该停下的时候了。好吧，我本应该再谦虚一些，因为在写这本书的时候，我已经有很长一段时间都感觉状态不错，实际情况很可能没我刚刚写得那么乐观。总之，我确实成功消灭了那种恐惧感。

开车的时候，一切都很好。然而一见到安德烈，某种感觉又再次开始酝酿。是的，就是在酝酿。我的内心在沸腾，似乎那时我还是会害怕，因为之后这种感觉全力爆发了出来。

当时我们正坐在市中心的一家酒吧里。"我有点累，"我说，"我想躺下来。"

"好，那就躺下，"他回答道，"这里的人都很友好，他们不会介意的，而且这里的扶手椅看上去也像是任何人都可以平躺休息的。"

我听了他的话，我躺下是因为我已经感受到了令人虚弱无力的恐惧，我只想掩饰自己，不让外界发现。之后，我不得不去洗手间，回来还是烦躁不安。

"你怎么了？"

"我不知道，"我回答，"我很累，一切都让我感到厌恶，我拼命抵抗，却只是徒劳。工作我一直都在找，没有任何结果。我不敢相信！我不是一个没用的人，我有丰富的工作经历和经验，这真的越来越离谱了。"

"这不是你的错，你知道这种事就是这样的。另外，我认为出去做全职工作这件事你可以慎重一些，毕竟你已经尝试过做三份工作，最后却产生了倦怠——你还记得吗？别把自己逼得太紧了，到一个压力重重的环境中去的时机还没到呢。实际上没到更好，你懂的。换一份职业吧，你难道没发现压力已经不再适合你了吗？你再也不能回到这样的环境中了，到此为止，永远不要再回去。"

就在这个时候，我崩溃了。我无法去跟焦虑打一架，我不能把它摔在地上，再上去踩几脚。而且我也不可能邀请它跟我一起，变成我的好朋友，我就是不想。它汹涌而来，将我完全包裹住。我哭了，我没办法再扮演一个坚强的女人了。眼泪顺着我的脸颊流下，我羞愧难当。第一次见人家就崩溃成这样，我觉得自己太不像话了。更何况还是在我完全没有安全感的城市，而且是在众目睽睽之下，其他人已经在往我们这个方向偷瞄了。

他起身去结账，我像一片叶子似的瑟瑟发抖。我发誓我当时确实投降了，我的承受能力达到了极限。又失败了，而我之前已经做得那么好了！

焦虑、不安、恐惧，以及来自腹部的不安全感和虚弱感折磨了我一整天。我试图出去走一走，但做不到。在安德烈的陪伴下，我们一起走到了大自然中，来到了湖边，但即便是这样也依然不起作用。我不得不走掉，因为我的身体支撑不住，我承受不住。

我对这次事件的失望之情让我产生了前面这样的想法。我好不容易已经在治疗的道路上走了这么远，现在又后退了几步。无论如何，现在我明白了，在当时那个特定的时刻，我对已经发生的情况没有清晰的、完整的认识。

类似于这样的失败其实非常重要，失败的时候，我们一定不能失去希望，不能向消极的想法屈服。

毫无疑问，在最终康复之前，无疑还会有很多次这样的失败。但关键是要与它们保持距离，继续按照计划努力。一定不能让失败打倒我们，不能让它们继续叫嚣。

　　17　两地距卢布尔雅那均约 600 千米（373 英里）。

　　18　距卢布尔雅那约 130 千米（81 英里）。

永恒的对立或内在的冲突

　　去了解自己是一个人所能经历的最复杂，同时也是最有趣的事情。在我开始这么做的时候，我意识到大部分人都没有这样的机会或意愿，要不然就单单只是害怕去审视自己现在的样子。

　　一方面，对于我所了解到的东西，我很满足、很开心；另一方面，我发现对于某些事情，自己又很难去将就。我知道，我很可能需要一个伴侣，但我还并没有开始一段恋情的需求。最终，我将自己从在别人身上寻找好运气的想法中解脱了出来，转而开始更加深入地去了解自己，只把这个想法寄托在自己身上。是的，我没有胡言乱语。这是真的，一个人就算没有工作和爱情，也可以真正地达到自我满足，感激所拥有的一切。这是有可能的！我曾经还固执地认为这完全是无稽之谈，没有上面这些，我们根本活不下去。

　　一方面，我经历了这么多才领悟到这一可贵的道理，对此我无限感激；另一方面，我又想要一个伴侣，因为我知道人需要亲密感，毕竟我还年轻。但这对你来说不是问题，最终我这么告诉自己。首先，多花些时间去了解自己，享受生活。

"难怪你这么焦虑,"我的朋友杜桑在一次午饭时说,"你不这样才怪。没工作,没恋人。假如一个人连基本的人类需求都没有得到满足,那这个人肯定会出问题,也肯定不会开心。"

这番话让我觉得自己好像确实很奇怪,别人都有的自己却没有。但同时,这么想也让我得到了解脱。当然,焦虑还是家常便饭,因为即使我通过自我治疗取得了很大的进步,各种困惑还是在不断地侵蚀我,所以实际上我被夹在两种对立面、两个极端当中备受折磨。

它们都是我,我终于意识到。关键在于我选择哪一个。

很快,我便积攒了足够的勇气——在和安德烈交往过之后——去期望某个人的陪伴。因为我还没有强大到可以随便走到人群当中——从未有过焦虑经历的人——所以我希望可以和与自己情况相似的人交往。正如之前所言,我开始参加焦虑症互助小组会。这个小组会我要推荐给每个人!你会真正感到不再孤单,会重新认识到,在这个世界上焦虑再正常不过了,而且越来越多的人开始有焦虑的问题,这时你会开始从一个全新的角度去看待它。你不再抱有"都是我的错"这样的想法,反而会去问自己,你周围的环境、你的工作、整个社会总共在多大程度上造成了你的焦虑,你拥有了更广阔的视角。你开始意识到这么一个事实:我们所生活的社会充满了恐惧和焦虑。

这时我又开始跟其他人见面,我决定不再将自己封闭在小小的朋友圈里,而对于我而言,这又是一次胜利。

自助小组，嗯，听上去怎么样？

我承认以前一直都认为，自助小组这种治疗只是为那些不够强大到可以独立解决自身问题的人准备的。但当我自己加入了这样一个小组后，我反而从他们这些人身上学到了很多很多。这么一大群人，得有多少故事要讲，有多少经验可以学习啊。自然地，单个人的经历取决于特定集体的组织构成，但我在那里见到的人当时——抱歉，现在也是——都特别好，所以我就这样摆脱了所有的偏见。

第一次自助会后，我重获了新生，当下我就知道自己必须继续参加下去。我的灵魂再次得到了滋养，我再次开心起来，再也没有什么能比得上一个痛苦的灵魂得到安慰更好的了。

在自助小组里，我遇到了很多有意思的人，他们有自己的问题、痛苦和对抗的策略。那些人会表露他们的感受，而这对于我来说简直不可思议，虽然说这是每个人都应该擅长的一个基本能力：表露、面对、控制自己的感受。

我们都坐在那里，坚信自己是有问题的，然而突然之间，我的脑中有一个想法闪现，完全是灵光乍现。不，我们没有任何问题。只是长期以来我们都在假装坚强，同时我们又都过于敏感多情，以至于无法承受现代社会的残酷竞争，因为在这样的社会里，我们不得不每天要进行无情的抗争。简单来说，我们没有把这个世界利用好，我们缺少足够的零配件。

我们的交流氛围已经变得十分友好；和他们之间，有些我相处得越来越融洽，有的却越来越糟糕，但是当看到我们是如何激发彼此去审视自我时，还是很有意思的。不可思议。我们也都有从心理治疗中获得的充分的自我认知，时不时地我还甚至会想，我们当中的一些人本可以不那么依赖心理治疗师的，然而只要那位心理治疗师真的帮助到了谁，我的想法也就没有那么重要了。实际上我相信，最终你必须要进行自我的救赎，你的治疗师可以引导你，帮助你发现自己已经走了多远，还需要再做什么。但是你必须自己做决定，因为你的治疗师没办法帮你做，我们一定不能让别人来做自己命运的主宰。

对于我而言，这个小组还拯救了我，因为我又开始社交了。我可以对刚认识的人敞开心扉，倾听他们的故事，他们小心翼翼掩饰着的生活困境，他们的犹豫不定。然而最重要的是，我再一次地意识到，我不是孤身一人，还有很多和我一样的人。是的，这一点我之前就知道了，但看起来很多事都需要经过反复的确认，这就是个例子。

有时，我们谈得特别投入，大大超出了约定的时间限制；其他时候，我们的心情又都不好，根本就没法交流，就像在现实生活中那样，我感觉到大家都在真诚相待。我意识到时好时坏很正常，自己也终于可以放下心来。我被这种神奇的作用折服，而这也就是在人际关系中才可能发生。这其中有亲密，暗地里眼神的交流，微笑，大笑，哭泣，恼怒和痛苦。我们都是活生生的人，当你最终把想说的大声地说出来，该发泄的释放出来，你就自由了；你突然放声大哭是因为所有好的、坏的同时出现，因为它知道，自己正在恢复。你需要做的只是顺其自然。

"那个自助小组怎么样？"安德烈，我修了八辈子福气遇见的人，曾这样问我。"好极了，我会继续参加的。我有种重获新生、脱胎换骨的感觉，我甚至都不知道该怎样去描述它。我又轻松起来了，一切都真的很完美。"

我是说真的——我终于拾起自己一直想做的事情。想读什么书就可以读，观看精彩的电影，也有了时间去思考。我经常去郊外散步、一日游，而且每天都会运动一小时。我还有了陪女儿的时间，我对自己很满意，我忘掉了期望有人来爱我、接纳我的强烈的渴望。我开始爱自己，于我而言，这就已经足够了。在这种情况下，我又能够社交了。我的心愿是再次出发去旅行，但实现这个愿望需要钱。尽管如此，我知道它最终也一定会实现的。

然而我最大的收获是不再去担心那些琐事。我更愿意对自己所拥有的一切美好心存感激，乐于拥有自我和决断力。我活这么大这还是头一回——不过还是那句话，迟到总比不到好。

拥有更高觉悟的人

在整个沉思的过程中，我还突然想到，焦虑症人群实际上也许就是改革的先锋，是拥有更高觉悟的人。我会有这样的想法，主要是基于自己和在自助小组和脸书上遇到的人之间的交往，另外我还在几篇国外文章中读到，有更高觉悟的人倾向于与现有体系的物质性局限保持距离，喜欢强调精神的重要性。早在公元前 500 年，毕达哥拉斯——很遗憾，我们大多只知道他是个数学家——就已经谈到了人类是如何联系在一起的。他还创立了毕达哥拉斯主义，该主义不仅仅是一种哲学，也是作为一个集体、群体一部分的一种生活方式，在这个群体中，人们一边沉思，一边完成肉体和理性的净化仪式。这很有意思，但是现代社会却被来源极度理性的信息统治。现代社会不得不经历精神上的低谷，我们就不得不重新研究古时的思想家和哲学家。

在这个物欲横流、竞争激烈的世界中——至少我们当中很多人是这么认为的——一些人再次开始转向自身。他们在寻找某种切实的东西，由于过于热情地去感知他人，最后导致自己被他人的情绪打败，还坚信别人的那些情绪就是自己的情绪。

不知为何，觉悟更高的人更能认识和感知事物。他们不需要任何解释就能理解，只是凭借直觉性的感知就能做到。他们越是信任直觉，直觉就越强大——他们较少进行理性的思考，更多情况下是跟着感觉走。如果有人对他们撒谎或者在试图掩饰什么，他们也能够立即知道。当然，他们不知道这个人到底撒了什么谎，但却能在理智上和情感上很快感觉到有问题。

其他人感受到他们的善意，所以如果有完全不认识的人将最黑暗的秘密都透露给他们，自然就很正常；这样一来，觉悟更高的人就会负担过重；要是他们不知道如何设限，就会变成某种情感垃圾桶。鉴于此，他们需要注意能量剥削者和情感吸血鬼，他们在各个地方埋伏以待。有更高觉悟的人的弱点是容易沾染上毒瘾和酒瘾，因为他们利用它们来阻挡情绪，保护自己不受他人痛苦的伤害。

此外，拥有更高的觉悟能让我们更快地看到事情的各种可能性和解决办法；我们会特别有创造力，我们写作、唱歌、跳舞、绘画，而且常常会选择一个可以帮助别人的职业。然而另一方面，觉悟更高的人又比别人需要更多的独处时间来给自己充电。

要去做不喜欢的事情对他们来说十分困难，他们无法忍受他们认为没有意义的工作。他们认为一个人必须去做他所热爱的事，他们希望能永远追随真理。他们清楚什么是对，什么是错。他们努力解释难以解释的事情，寻找那些深奥问题的答案。他们是永远的探求者。他们不认可时间的观念，无法忍受常规。他们不顺从权威，权威不适用于他们，也与他们无关。他们与人为善，但鄙视自私的行为。他们的喜怒都写在脸上。他们无法隐藏自己的情绪，因为他们不想。他们虽然避免不愉快的对抗，但却一直在默默地改变这个世界。

　　拥有更高觉悟的人的思维模式极具深远的意义，尽管在我看来这种思维模式还有待进一步探索，但是他们和患焦虑症的人拥有了很多相同的特点。

金钱让世界以及我的焦虑运转

有两次，我都失去了收入来源，而且这两次我都遭遇了惊恐发作。也是，不然呢？我一个人带着女儿，还得有能力抚养她，这样她才能做自己想做的任何事。

记得有段时间我在申请各种职位。面试的时候，我常常发现提供的职位对我来说其实很无聊，我会很快厌倦，因为我需要有创造性的工作。又或者我压根就没去面试，尽管我的条件符合这份工作的一切要求。

起初我把每一次的被拒都归咎于自己，随后我又对此心怀感激，因为我认为这实际上是走向成功的必经之路，能让我实现自己真正想要的，那就是能在一个安定有序的环境中工作，去写作——自由写作时可以随心所欲，被委托就最好是关于人际关系和沟通的话题。我知道自己可以说服别人去重新找到生活乐趣，去开始努力拼搏以实现目标。别人说我特别擅长强化人的意志，在捍卫自己的观点时也很有说服力，我很高兴听到有人这么说。

哇，就这样去炫耀自己的优点！我从没这样做过，因为我一直觉得这是狂妄自大的表现，然而实际上并非如此。去了解我们的长处，不去一味地贬低自己，这样是好的。实际上，能够发现自己的优势非常关键，因为这样我们的劣势弥补起来就更容易。

在我失业破产的时候，想到自己已经做了很多好事，这对我来说意义最大。尽管如此，恐惧还是侵蚀着我，我担心要是找不到收入来源会怎么样，我一直有意将这种恐惧推到一边。实际上，我就是这样坚定自己的决心的。

我天生做事有条理，值得信赖，所以提前为所有要做的事情都做了计划——要是能计划得粗糙些反倒好了——我从来都不会让自己的工作和收入出现任何不稳定。但是我的焦虑真的要求我这么做，去改变我的本性。好吧，我最后告诉自己，既然自我贬低也没有什么好处，那么我会尝试变得更淡定。

的确，尽管财务状况每况愈下，我却能一天天地越来越平静，这是我认为在焦虑这件事上自己最大的成功。船到桥头自然直，我不断地告诉自己。我一生都在努力、在挣扎，现在放弃是不可能的，我会找到出路的。我还考虑了自己创业，但前景似乎压力重重，我不确定这是不是我想要的。我还想到了学习深造——没有什么事情逼我这么做。我对心理学感兴趣，但却没办法花上五年的时间去学习；我该做什么去养活自己呢？我也一直在思考要出本书，因为我想帮助其他人，在这个过程中发挥自己的创造力。

这一想法花了很长时间才最终成型，来自互助小组的"亲爱的患者们"向我提供了帮助，因为我发现我们都在默默地承受着，假如能够将自己的内心表达出来，扔掉面具，展示自己的脆弱，我们的生活会轻松很多，生活会变得更美好、更幸福，生活质量也会提高。我打赌我们的焦虑本来是可以减半的。

就算是现在，我也不知道这本书会给我的生活带来怎样的改变，我不愿意去想太多。一方面，我担心有更多扇门可能会因此而被关上；另一方面，我也一直在问自己，是不是真的需要一扇敞开的门却让我始终隐藏起自我。我希望身边有懂生活的人陪伴，他们在你心灵受伤的时候知道发生了什么。能够理解我们也是人，不是一发现稍有不完美就被抛弃的机器人，也了解除了非凡的大脑，我们还拥有灵魂。

我希望生活在这样一群人中：他们能让我变得更好，不会反应迟钝，而是具有很高的觉悟。这便是我希望——实际上是竭力主张——大家聚到一起去实现的目标，也就是把焦虑症人群聚集起来，告诉别人我们并不是一个人，就算你有焦虑症却羞于启齿，你也不是一个人，这个心愿要强过所有的恐惧。是时候该换个新的视角和思维了，我们已经不再墨守成规，我们内心清楚这并没有什么用，只有真正能带给我们快乐的才最重要。我们的目标一定是能够走出自己的身体和思想，从外部观察自己，能够看到事物的本质。

当然，我还没有达到这个阶段——但快了。这还要归功于我患上焦虑症的经历，就像我朋友说的，焦虑症把我推向了黑暗的一面。

这本书必须要出，这不是事先计划好的。一切都是顺其自然；在经历了那么多折磨后，出书的想法就这样浮现了出来。想法产生语言，语言激发行为，不经意间我就发现自己已经在这条道路上了，但愿这本书能够尽可能地帮助到大家。

让我们接纳焦虑和焦虑症，甚至是最令人难以承受的惊恐发作，我们不应该害怕。让我们看到，自己并不孤单。我们没有任何问题，只是花了太长时间去做别人，又非常敏感和富有同理心。仅此而已。虽然听上去很业余、不专业，但这就是我从自己的经历中学习到的。

另一方面，只有我们才能确认什么可以帮到自己，所以我们不要盲目地听从别人的建议。坚持铁的纪律，我们还可以拿到一流的——就像奥运会里——的成绩，因为我们已万事俱备。训练不仅仅对于身体来说是必要的，对于精神来说也不可或缺。

在患焦虑症之前，我只知道关心自己的身体健康，而且还很执着。我的意思并不是说自己因此受到了阻碍，但我绝对是忽视了自己的精神健康和真正的自我——尽管出于对人类心理的兴趣和对自己身份的探寻，我几乎一直都在拜访不同的心理学家。这种兴趣和探寻还远远不够；我也是直到现在，在经历了那么多之后才明白。我自己和我当下的健康才是最重要的，我不得不先崩溃，才最终领悟到这一点。

生活总是将我们埋进永无止境的苦难中。只要我们还年轻、还强壮，往往就很难有所觉察。然而一旦到达临界值，一切就都到头了，我们必须在我们的思维方式和行为模式中注入新鲜的血液。

我们的身心都需要我们做出改变，这就是为什么说凡事讲究由内而外，我想我现在明白了。

为什么我们会忽视自己的内心?

事实上，我并不知道原因，但这已经变成了最不证自明的事。我们都希望练出好身材，但却没有想过要去关心我们的精神和内心，直到为时已晚甚至无法挽救，直到我们已经患上了某种障碍甚至是疾病。尽管会引发很多其他的障碍性疾病，我们还是喜欢将压力隐藏起来。唯一的问题是，我们从来不就此做任何沟通，这正是我写这本书的原因。

很多人已经无力应付，但却害怕去承认，因为他们可能会因此丢掉工作，变成被嘲笑、反对和侮辱的对象，就好像是"看这个人，有毛病"。多么不得体。上一次我就很震惊，那次我向一些"自己"人提到自己想开诚布公地说出自己的问题。我建议系统地、有目的性地去做，以使社会意识到心理健康的重要性，可我得到的反应全都是充耳不闻和勉为其难。"我当然不是不敢，"他们说，"只是不想把自己暴露在大庭广众之下。"

等等！难道这里不算大庭广众吗？那我们为什么还要在这里？仅仅是为了加入而加入？

我承认我很失望。后来有专家告诉我，就算是医生，也有很多是歧视精神问题的。我们可以抵抗身体的疾病，但面对有越来越多的心理疾病这样一个事实就很难接受，医生也担心什么时候连自己的同事也会因为职业压力和过度劳累而倒下。而且在一些大型卫生机构里，焦虑症还依然是一种忌讳。

我说过，我当时忧心忡忡。就连我也有了放弃写这本书的想法，不过后来我还是决定不能和其他人一样。我不会再假装自己没有心理问题，假装我们要以自己有什么样的感受为耻。

我们竟然如此地不开化、冥顽不灵，这是多么残酷。都已经21 世纪了，当提到恐惧、抑郁、焦虑症、躁郁症、强迫症、社交恐惧症、厌食症时，我们会像鸵鸟一样把自己的头埋在沙子里，逃避现实。要是你提到惊恐发作，所有人都会认为你一定是疯了。所以才有了这本书。

有很多人像我一样经历过惊恐发作，很多人。据说有二分之一的人都会经历短暂的焦虑，有一些人则一生都在与其抗争。但我不是特别相信这个说法，因为患焦虑症的人喜欢将他们的情况隐藏起来。

关心员工的心理健康是当务之急，我担心斯洛文尼亚的公司缺乏对这一现状的认识，我不知道有多少公司请了专业人员来帮助他们的员工解决负面情绪或心理问题。根据职业病研究所提供的数据，在斯洛文尼亚这是一个被忽视的领域，大部分公司在如何处理员工遭受工作上的排挤——此类事件数量多到惊人——在这个问题上甚至都没有一个系统的应对方案。我们有常规的职业安全协议，对工伤做出了保护，然而一旦涉及心理健康，却是一片沉默。

我的被访者们将他们的故事贡献给了这本书，但几乎所有人都请我不要暴露他们的身份，对此我表示理解。但是我们是这样害怕暴露自己的身份，这一点让我忧心忡忡。另外，我也不知道这本书问世之后自己会有怎样的变化。

　　借着这本书，我希望能为焦虑症人群正名，让人们不再谈"焦虑"色变。我们讨论得越多，生活就会变得越容易。我主张社会能够更加多元化，更加多姿多彩，具有更高层次的觉悟，永远有各种各样谈不完的议题。

　　虽然我担心自己一旦开始揭开旧日的伤疤，就会被恐惧和类似的负面情感吞没，但是刚开始动笔时我感觉还不错，我所担心的一直都没发生。每天坐在电脑前的时候，我思绪万千，回顾着过去，咀嚼着所经受的痛苦，但却让现在的我感到解脱，揭开旧日的伤疤并没有那么痛。一天一天地过去，我感到越来越轻松，也越来越相信，发生在自己身上的一切都不得不发生，因为如果没发生，我现在就不会有这样的领悟。我就不会开始探索自己的精神、感受，真正的自我。我就永远不会发现真正的自己，不会遇见自己。这份经历极大地丰富了我的人生，以一种最独特的方式拓宽了我的眼界。我开始意识到自己一直以来都是错的，最重要的是，我是那么不善待自己。

　　我感觉到了解脱。终于，我可以喘口气了。我希望在这本书出版之后自己不会感觉更糟，我也承认自己担心会获得什么样的反响。我还能找到一份新工作吗？

　　我真的希望自己能成功。也希望这本书至少能为所有拿起它的人提供一些帮助，于我而言，撰写这本书给予了我很大的帮助。

安德烈：
"我还没从焦虑当中完全解脱，但至少它变得可控了"

　　我在前面一些章节中已经多次提到安德烈，因为他陪伴我度过了与焦虑症做斗争的最艰难的那段日子，我和他相遇在 2015 年的夏天。要是没有他，我不知道自己能做些什么，对此我感激不尽，感激他无数次的倾听、理解和指点。他全部接纳了我，因为我原本的样子而爱我，尽管我有那么多的麻烦事，又是那么不完美。因为焦虑和惊恐发作使他自己深受其害，所以他能理解我。他了解陷入焦虑中的人所遭受的痛苦，也明白在恐惧加剧时，情况又会如何恶化，最终将受难者拖入黑暗之中，所以他知道该如何安抚我平静下来。他为我费心费力。

　　是我在脸书上的一个帖子引起了他的注意，不久之后，他坚持不懈地联系我，但从不让我感到被冒犯。在网上聊了一两个月后，我判断他是安全的，可以做更进一步的了解，于是便决定和他见面。

　　一天晚上，我们生了火，听着汽车音响传来的音乐，举着水杯，为我们能早日恢复以及拥有更好的明天而干杯。他的故事大概是这样的：

"车里的空调坏了？你也这么热吗？"我吃惊地问我的朋友，那时我们正要通过一家大型商场前最后的一个十字路口。我坐在驾驶座，我朋友就坐在我旁边。我从未在 11 月的中旬感觉这么酷热难耐，像是在蒸桑拿，一点儿防备都没有。

　　我本以为是车里空调的问题，但是朋友的回答是他感觉正好，甚至还觉得有点冷。听到他这么说，我更加燥热了。我开始流汗，我受不了了。

　　"我感觉不太对劲。"我对他说。

　　和这位朋友在一起的时候，我们总是在开玩笑，所以他只是笑了笑，说："你怎么了？"

　　"我不知道，兄弟，我快热疯了。"我回答道。

　　我感觉自己在那个路口等了有十分钟的红灯。太烦了！那个破绿灯到底还亮不亮？我变得极其没有耐心，而这太不像我的风格了，我原本是个沉稳冷静的人。终于绿灯了！我开了过去。太疯狂了，一切都在颤抖——但并非来自外部，而是来自我的体内！

　　最后的两百米车程对于我来说真的是彻头彻尾的折磨，这种感觉我之前从未有过。我开始害怕开车，害怕某种未知的东西。我把车窗全都摇了下来，一边开车一边脱掉了毛衣，到最后身上只剩下一件 T 恤，即便如此，我还是焦躁不安。

　　"你还好吗？"这时候朋友也开始担心起来。

"不知道，我特别热。"我再次说道。

"你看上去脸色不太好，有点苍白。能行吗？"

在停车场休息了一分钟后，我已经感觉好多了。虽然还没有完全恢复正常，但我已经不再颤抖了，然而我还没有完全回过神来。

心理状态是最难用言语去描述的。我的整个意识像是从头骨的前面移到了后面，从眼睛移到了眉心，就好像是暂时被囚禁在别人的身体里一样。你什么都能感受到，能意识到，但你已经不再是原先的你。

我们一起走进了商场，入口旋转的门对我完全没有影响。我走了进去。天哪，现在该怎么办？灯光。冷白色的日光灯，到处都是！这一刻，我失控了，估计这时我的脉搏已经飙升到了220。"兄弟，等一下，我要晕了！我很难受！"我叫道。

我听到朋友又询问我怎么了，但接下来的五个或者更多的问题却被淹没在我耳朵里的嗡嗡声中，感觉自己好像站在尼亚加拉瀑布下一样。有那么一会儿的时间，我看不见了，眼前只剩一道白光。眼前一黑，过了几分钟，我的视力又回来了。白色的斑点混杂在黑暗当中，从我的视野中消失了。一切发生得如此迅速，我就呆呆地站在原地，一动不动。

我真切地体验到了人格解体的感觉；感觉从自己的身体里脱离了出来，我的朋友正抓着我的肩膀，继续询问我。我没有听他在说什么，但我可以听到周围各种各样的声音：人群声，远处玻璃发出的叮当声，收银台的声音，笑声，婴儿的哭声，开关门的声音——这些嘈杂的声音我之前完全不会注意到。

我汗如雨下，一心想着赶快找到卫生间，用冷水洗把脸清醒一下。我大步流星地朝那个方向走去；我的双腿麻木，不禁担心起自己是不是要中风发作。在走向卫生间的过程中，我感到呼吸急促而困难，极度不适。这是某种假性换气过度的征兆，从气管到肺部的通道像是一路被堵住了似的。我开始刻意地去呼吸，走三步就深吸一口气，然后再吐出来，就这样坚持了一路走到了卫生间。

然而那种虚幻现实的感觉——就是感觉整个世界都变了，都离我很遥远——并没有减弱，每一次呼吸我都感觉自己的潜意识加深了一些。我的意识似乎正在慢慢地离开我的身体似的。哈，幸运的是，卫生间有空位。我坐到了马桶上。

我脱掉了所有衣服，赤裸着身体——我就是这么热。我以为自己可能是吃到了什么奇怪的东西，因为我们在休息的时候和同事吃了汉堡，而我们去吃的这家店卖的是马肉汉堡。肉吃起来有股酸味。我再也不要去那里吃了！那里的肉肯定是坏掉了。

可我没肚子疼，也没有拉肚子。奇怪。

我把衣服又穿了回去，十分钟后，终于来到了洗脸盆前。感觉冷水很爽，我不停地往脸上拍。经过的人都困惑不已。这哥们儿在干吗？每个人都穿得很暖和，只有我穿着一件单薄的 T 恤。

我回到了朋友身边。"兄弟，送我回家吧，我不太舒服。"我恳求道。

他以为我是心脏不舒服，因为他自己有过这样的经历。该死，我从来没有心脏不舒服过，我想。我都 33 岁了，少来这套。没办法弄清楚自己到底怎么了，这让我很是生气。

我鼓起勇气，准备自己开车回家。其实并不远，开车 5 分钟都不到。这时我还是处于半清醒的状态，仿佛灵魂出窍一般。

到家后我就躺到了床上。为了保险起见，我吃了片止痛药。我尝试着让自己平静下来。我的努力最终见效了，我迷迷糊糊地睡着了。

第二天早上五点半，床头柜上的闹钟响了，醒来的时候我感到神清气爽。在像往常一样做上班前要做的事情的时候，我脑中一直在回想昨天发生的事情。

在距离办公地点的倒数第三个路口，我在等红灯。车子抖了起来。不，不是车，是我在抖！发动机的震动传到了我身上。又来，昨日重现。我看向右边，旁边车里的哥们儿穿着一件派克大衣，而我已经被汗水浸湿了衣服。车里越来越热，我把四扇窗户都摇了下来。哦，天啊，别再像昨天那样了！我心跳加速，恐惧突然袭来，整个人变得很虚弱。

我的脑海中闪过无数个问题。这是怎么回事？我怎么了？到底发生了什么？我聚精会神，但又手足无措。我像一个孩子，对于所有事物都还在学习的阶段。副驾上并没有人可以帮助我解除疑惑。为什么又这样？怎么回事？

上班的地方到了，我停好了车。引擎关闭后，我竟出乎意料地平静了下来。差不多一分钟之后，恐惧和其他可怕的情绪都消失了。耳中的嗡鸣虽然没有消失，但也在减弱。没事了，我告诉自己。

我决定进去，我爬楼梯上到了第五层。我讨厌这些台阶，我状态不好！其实在那天之前，对于爬楼梯这件事，我一句话都没抱怨过。

总算进了办公室，让我完全放松下来的地方。我是第一个到的，所以开了灯。灯还是昨天的那些灯，日光灯。和白色的灯光一起点亮的还有我内心的什么东西，似乎和灯的开关存在着某种关联，感觉这些灯光仿佛要杀了我似的。它伤害的不是我的眼睛，是我的大脑。我闭上眼，瞬间头晕目眩。虽然这种眩晕感并不强烈，但也足以让我感受到自己快要失去了平衡。即便如此，一切似乎都还算在掌控之中。

两个同事走了进来。他们大笑着，好像在讨论什么有趣的事情。对于我来说，没什么好笑的。

"你怎么了？"其中一个问道。

我告诉他们前一天发生在自己身上的事情。当听到同事说他也闹了肚子，我心里的石头落下来一些，坚信罪魁祸首就是那个马肉汉堡。但他今天完全好了啊！而我呢？我连厕所都没去。不，不是食物的原因。

十五分钟后，我像往常一样开始工作。我看向电脑屏幕的白色壁纸，就在此时，它又来了。我受不了了。

"兄弟，开车送我回家吧，我在这里待不下去了，我不知道自己怎么了。带我回家吧，求你了，要是事情变得严重了，我打电话给你，你来接我，送我去看医生吧。"我向同事请求道。

到家后，我躺了下来。接下来的两个小时我一直沉浸在不知道到底发生了什么的疑惑中，最终也没找到答案。我决定去看医生。

同事开车把我送到了诊所。我没挂急诊，因为我不觉得自己的情况很紧急。候诊室人满为患。

"有预约吗？"一个护士问我。

"没，我没有。"

她向我解释到门诊病人接诊的时间表和制度，当时我甚至都没有想去弄懂的意愿。她让我先坐下来等着，等医生看完所有有预约的病人才会轮到我，听到这个消息我心脏病都要发作了。我觉得我才是这间候诊室里病情最紧急的那个。

老天有眼，半个小时后他们就叫到了我，而等待的这三十分钟简直漫无止境。更别说在此期间我还经历了几次惊恐发作，而且一次比一次严重。

全科医生对我的诊断是焦虑症。她给我开了药；我终于能说服自己，原来问题出在我自己身上。

我又去看了别的医生，想听听其他人的意见。这位医生更直接，他马上就告诉我，我是神经过敏。听到他这么说，我更加惊恐了。神经过敏？我没有！但是从某种程度上说，最终找到了答案，我长吁了一口气。

带着能让我镇静下来的药，我回到了家。与此同时，我担心这些药是否管用。我内心的这种不确定性随着时间的推移变得越发强烈。

不久之后，我又开始失眠。自从第一次惊恐发作以来，我已经整整两周都没能连续睡上一小时了，所以我又去看了医生，他给我开了一些新的药。我吃了片安眠药，酣睡如婴儿一般。这种美好的状态最终被焦虑打破，它会找到新的方式来折磨你。在我身上，它只用了一周的时间就做到了。之后它就找到了新的法子，利用新的恐惧来打乱我的平衡。

我的惊恐发作一般发生在晚上七点到八点，持续时间为二到五分钟。一次接着一次，中间有几分钟的间隔，一直到晚上十一二点才会渐渐平息，这种状态大概持续了一个月。

我被折磨得身心俱疲，出现了慢性疲惫。我停止了一切体力活动，整天地待在床上。我不再出门，也不再有安全感。我的心理负担过重，具体反应为对周围环境格外恐惧，而这已经在不经意中演变成了一种恐惧症，但我是不怕见人的。我父亲告诉我："你得出门，要是你还继续闭门不出，情况会越来越糟糕的。"而我本来是要出去的，我想出去，但实在是没有力气。刚走二十步，我的身体就不行了，我必须得找到什么东西扶着，长椅或者其他任何可以扶着的东西。一个月后，我的体形就走了样。

休了一个月病假之后，我最终去看了心理医生。我是有些期望对方能给我指条明路，带领我、帮助我的。我也不知道是自己选错医生了，还是说这不是对方所擅长的领域，但对于我来说，这位"专家"毫无用处，更不用说我还得等上三个月才能开始第一次会诊了。

经过一个月的治疗，我开始吃抗抑郁药物，进入为期三个月的引入期，因为这种药14天后才能起效。所以刚开始几天我丝毫没有感觉，随后情况才开始有所好转。

我利用网络来和别人联系，不可思议的是：当你们开始谈论焦虑的时候，你很快就会发现，每个人都有同样的问题。这让我又恢复了活力，甚至获取了新的力量，而且不止我一个人有这样的感觉。但是我所交谈过的每一个人都告诉我，他们都还在抗争，他们还没有完全被治愈，听到这里我的忧虑又加重了。

我得做些什么，我不想一直靠吃药维持。我从网络留言板中学到的都是你要逐渐加大每天的用药剂量，而这样做最终会让人上瘾的。我看着镜子里的自己，我的瞳孔放大了。我看着自己在镜中的影像，我微笑着，感受到了一股不可思议的正能量。

　　好吧，也没有那么糟糕，一切都会好起来的，我告诉自己，我开始抱着一种乐观的态度去思考。

　　我其实从来都没有对抗抑郁药上瘾——我是对安眠药上瘾。所有人都说这不可能，但我已经吃了两个月，在决心停药时，我经历了和电影里瘾君子一样的戒断反应。我的整个身体都在发烫和颤抖，我紧张得直冒汗。这种情况最长持续了三天。就在我就要去急诊室的时候，我终于积聚了足够多的力量坚持到最后。到第四天的时候，我被折磨得累坏了，一下子睡了有16个小时。安眠药，我再也不需要你了。还有抗抑郁药——我基本上一夜就停了。三个月后，我停掉了所有的药。我希望永远也不用再吃。

　　我还尝试了面部轻击法。这种方法的效果维持了大约一周的时间，之后我就又被焦虑压倒，不再有任何的作用。

　　我在油管（YouTube）上至少观看了一千个与焦虑有关的视频片段，尝试了视频所推荐的各种方法来减少惊恐发作的次数，减轻焦虑的症状。每一种方法都会起作用，但都不会长久。也就是说，焦虑一直在寻找新的方式来把你困住，它总是在非常细微的地方乘虚而入。

因为我连 200 米都走不了，所以我选择了瑜伽。不到两个月，我就恢复了气力，整个人也更加轻松平静，更有安全感，就算是在外面也是如此。我的胃口又回来了。瑜伽改变了很多事情，直到现在我都还每天坚持在做。

安德烈告诉我，他的童年过得很平静，没经历过任何的打击或创伤。

"我和父母之间的关系很融洽，家庭上没有什么大问题。我也有工作，一般都是对着电脑。我的压力不算大，但最近两年却突然变得忙碌起来。紧接着便是来自多方的压力，缺乏锻炼也是一个方面，因为大部分时间我都坐在桌子后面。我甚至还把所有的业余时间都用来玩电脑，或者是去做需要在电脑上完成的工作。这种状态持续了两年多，我的身心平衡开始被打破。我的大脑在超负荷工作，但我的身体却无动于衷，所以身体开始出毛病了。

"当然了，除此之外肯定还有其他一些原因，我也一直不断地在寻找。要想彻底地追根溯源是不可能的，因为我的焦虑是由生活中的所有事情叠加在一起所造成的。和伴侣之间的关系便是其中之一，和另一半的相处消耗了我很多的能量，但是我没能及时认识到这一点。

"通过做瑜伽和其他运动，我总算找回自己内心的平静。我对自己的了解加深了许多，如今，我变得更珍惜自己，尊重自己，不再忽视自己。我还是我，只是换了一种方式生活。我还没从焦虑中完全解脱出来，但至少它变得可控了。"

焦虑到底是谁的错？

我没有办法略过这一章的标题，因此我把它留在了本书的最后来写。

在大多数情况下，经常焦虑的人会认为这是自己的问题，大家普遍都这么认为。我们相信自己变得焦虑、遭遇惊恐发作是由自己对人、事和环境的看法所导致的。相信是我们自身引发了这些问题。

正如我在前面的章节所写到的，对此我在一定程度上持肯定的态度，主要是因为我不建议大家以受害者自居，因为这样是难以取得任何进展的。然而，我们也一定不能把所有的责任都归咎于自己。

我简单地概括一下。假如有个孩子在家天天被打、被虐待、被羞辱。他被嘲没有能力、长相丑陋，永远成不了事。他得不到任何的支持、爱或者拥抱；家对于他而言不是一个安全的庇护所，而是一个战场。然而他却以某种方式熬过来了，因为尽管有一对不成熟的父母，他却保持住了自己的心性，但是在他成年后，却经历了惊恐发作，后来又发展为严重的焦虑症。那么这是谁的错，该由谁来负责呢？

这个世界并不是非黑即白。坏事总会发生，人们承受着父母或者监护人以及其他最亲近的家人造成的创伤。他们所带来的心理影响不可磨灭，没人能够在离开自己家庭的时候不带有任何原生家庭的印记。可是每个人都有权决定如何处理这一"遗产"。是继续扮演受害者的角色，还是——毕竟他们还是热爱生活的——选择遗忘和原谅，逃出困境？这就是我想说的。

对，这样难免会有"说得容易做起来难"的嫌疑，毕竟要想摆脱自始至终都在破坏我们生活的那些有害的习惯，必须付出巨大的努力。每个人努力的方式都不相同，而且我们也不可能脱离一切。然而，我们可以改善自己的生活，让生活的体验美好起来。一切皆有可能。因为如何看待过去，我们要变成什么样的人，这些都由我们，由我们自己来决定。

我们所处的这个世界充满了恐惧和焦虑。谈安全感早已过时。在物欲横流的环境下，被珍视的是物，而不是人，反之则会显得格格不入。这个时代在急切地呼唤着焦虑，现在还有谁会关心其他人吗？

但是生而为人，我们不止有思想、生产力和逻辑。人类是有感知力的生物，我们有感觉，有情绪，有对爱的渴望。我们试图融入，然而这种努力却让我们更加疏远，并且引发了竞争，甚至是敌意。在这种情况下，有谁会开心吗？没人会。一些人成功适应了这个环境，可是大部分人却做不到。这就会导致我们认为自己非常软弱，尽管实际上我们已经具备了实现成功人生的所有条件。

这里我再次强调一点：你或者我，都没有任何问题，我们可能只是在生活中的某些时刻敏感了一些或者一时软弱无力了而已。我们知道，这个世界的价值并不是由人均 GDP（国内生产总值）来衡量的。我们也明白，如果缺少温暖、同情、互相关心和帮助，生活举便会步维艰。我们的心灵不允许我们被遗忘和无视，我们理应如此。

我们生活在一个可笑的世界里，我们被技术统治着。社交网络带给我们一种所有人都紧密相连的错觉，但实际上，因为它我们反而不再社交、见面，也没有了发展和沟通，所以它使我们更加疏远了。在这种环境下，我们通过自我效仿来努力维持自己的独特性。这是何等的自私！我，我，我。那我们呢？一心只为自己。如果是为我们呢？我们开心吗？退一步说，我们满足吗？心安理得吗？

甚至就算是在选择伴侣的时候，也将他们当作杂货店里容易变质的货物；我们只要有一点不喜欢，就会将其抛弃，再去找新的，如此循环往复，没有尽头。我们所信奉的浪漫典范在现实生活中并不存在，但每天都能在广告、电影和书中看到。爱情已经被对一时迷恋的永无止境的追求所取代。我们之所以常常活在压力之下，是因为我们活在过去，感知不到当下。有时，我们陷在过去里无法自拔，所以会变得沮丧。诸如诚实正直、关心他人、平等等价值观已经成为其他某个时间里已经褪色的记忆，在现实中已不复存在。

我们强调在一定时间范围内知识的摄取——最早从小学三四年级就开始做这样的要求。如何让自己开心和满足，这是我们本可以学习的极为重要的内容，然而这样的时期自然不存在。

正因如此，我亲爱的读者朋友，我们真的应该去享受自我，去发现自我的价值、精神的富足以及获取进步和过上更好生活的无限可能。爱自己，只有这样才会有转机。拥抱自己，这条路注定不好走。

可以帮到你的一些建议

　　鉴于我的这些经历，你肯定会希望我能提供一些建议。所以我会在这里分享帮助我丢掉面具、遇见真实自我的方法。

　　着眼当下，常常询问自己的感受，摒弃一切扰乱因素。

　　将自己放在第一位。每天早晨和晚上躺在床上的时候，至少花五分钟的时间去想一下自己的优点、对自己有利的情况，以及你个人所取得的胜利。记住值得去感激的所有事情，我保证很快你就能感觉好一些。

　　利用镜子来帮助你了解自己。如果你记得美好的事情，在镜子前将这些你所感激的事情大声讲出来，会有意想不到的效果。镜子会帮助你意识到自我，开始与自我建立关系。这样当你身处困境时，你想起镜中的自己，就能更好地感知自己。

　　改掉陈腐无用的旧习惯，用其他的习惯来代替。这些旧习惯并不属于你，只是从父母或者其他亲近的人那里所继承下来的而已，所以是时候做出改变了。也许你只能养成一两个新的习惯，但一定不能操之过急，假以时日，你的情况就会有所改善。怎么做？你需要去寻找好的方面，利用它去激发自己的能量，最终发现坏的方面，进而努力去完善。不要理会愧疚感，因为完全没用。愧疚感只会把你的能量偷走，集中精力去为自己所认为还不够理想的事情制订新的解决方案。

不要沉溺在过去的痛苦当中。对于我来说，这几乎是所有事情里最重要的了。我们的生活中已经充斥着太多的痛苦，如果我们紧抓着不放手，自己就会愈发地悲伤和痛苦。实际上，这样下去我们还会引来更多的痛苦。忘掉过去，它并不能定义你是谁。

在你面前有无限的可能。具体怎么做？当你在某种情况下感到痛苦时，或者当有人跟你说了什么时，试着让自己意识到这种感受以及随之而来的情绪，提醒自己，这种感受和情绪的根源在于所有之前所经历过的痛苦。你很可能会发现，你现在所经历的痛苦只是过去某次经历的再现，但与你现在的经历或者遭遇没有丝毫的联系。

接纳它，并试着追溯其来源，这样就能避免承受新的痛苦。但如果这种痛苦的存在是合理的，那么就让自己意识到它的存在，然后竭尽全力使其消失，化不利的条件为自己的优势。记住：生气、悲伤、失望、恐惧、焦虑、抑郁和愤怒，这些负面的情绪都是必要的。它们能让你改变，这也就意味着它们对于拥有一个健康的身心而言至关重要。

锻炼出你的自信，做你擅长的事，关注自己所具备的正面特质和所取得的积极成就。

利用自我放松训练法、冥想、情绪释放法。只要你觉得有用就可以，其他人怎么想不重要。

去健身。事实证明锻炼身体可以缓解抑郁和焦虑。每天一小时。

　　到大自然中去徒步、爬山。把每次去的时间固定下来，去的次数越多越好。大自然就像是一个奇迹，一剂止痛剂，灵感的源泉。

　　时不时地培养你的感知力。感受你的身体，去感知周围的环境、气味，意识到自己在做什么，在哪里。

　　除非极其必要，否则不要回顾过去。因为这样做可能会导致你抑郁，但是要记得美好的事情和你所取得的成功，这样会让你充满勇气、力量和善意。

　　不要过多地展望未来，因为这样容易错过现在。只有在当下你才能够采取适当措施以尽可能地实现对未来的期待。活在当下。未来容易让人焦虑，因为它充满不确定性，不必为明天而担心。

　　每一天，感恩自己所拥有的一切。要认识到这一点。

　　自尊自重。

　　你在别人身上所寻找的一切，都去你自己身上寻找。当你最终找到了，就不需要再跟在谁的后面，乞求对方的关注。对自己满意，最重要的是，成为自己最好的伙伴。你很棒，在你自己身上你会发现无限的财富。

　　享受当下。尽情地跳舞、唱歌、大笑。有了一个乐观积极的态度，任何困难就更容易迎刃而解。

　　注意恐惧都是杞人忧天。我说的是假想的恐惧，所谓的如果。当然，不包括走在悬崖边上或者高速路上的那种恐惧。显然，我们大部分的恐惧都是杞人忧天。

　　要明白在某种意义上，每一次被拒绝都意味着在通向成功的道路上又前进了一步。

直面焦虑，把它当作一系列改变的前兆。你之所以会焦虑，是因为直到现在，你一直都没有过上自己真正想要的生活。邀请它来。如果你能摆脱恐惧，焦虑自然会消失。记住每一次恐惧都会极大地加重你的焦虑。

不要压抑自己的感情；观察它们，重点应该是你感觉怎么样。倾听自己的声音，听从自己的内心，通常总不会错。

开始设定界限。不要表现得粗鲁无礼，但你再也不需要去忍受让你厌恶和伤害到你的事。你非常清楚我说的是什么，倾听自己的内心即可。

爱自己，然后爱别人。怎么做？接纳自己。发现自己的优点、成就，不要只是盯着负面的事情和自己的缺点不放。善待自己和他人，尽可能地如此。

试着不要抱有任何期待。我知道这很难做到，但是期望值越低，幸福值就越高。但也要尊重自己。不要妄自菲薄。也就是说，不要向达不到你最低要求的事情妥协。

不要去责怪别人，因为你不知道他们可能在做着什么样的抗争。最重要的是，不要责怪自己。试着去理解你为什么会这么做，去思考自己是否本可以做得更好，但是下次确实要努力做到更好。

试着将每一次痛苦，或者任何不好的、负面的事情，都当作下次可以做得更好或者有所改变的一次机会。

如果有什么事惹你生气了，等五分钟再做出反应，去思考。我知道这有多难做到，但至少试一试。一步一步，一点一点地来。

不管你怎么看，爱是治愈一切的良药。你内心的爱。

你不可能影响到每一个可能的结果，接受这一事实。这并不是说你必须萎靡不振、冷眼旁观，而是说应该对事情的发展秉持顺其自然的态度。

如果无法改变他人，那就改变自己，或者改变自己看待问题的视角。通常问题的根源在于我们只是站在自己的角度去想问题，而对于一些事情我们往往会看得过重。

不要害怕去爱。不要因为怕受伤就逃避去爱。尽情地去爱。也允许自己被爱。

允许自己有脆弱的时候，只有这样你才能真正变得坚不可摧。

最后的一些想法

　　为什么我们总是担心无力改变的事情，而且实际上——考虑到生活中充满了无限的可能性——这些事情或许根本就不重要？开车时别人在自己前面抢占了停车位，关于自己的流言蜚语四起，受到前男友或前女友的骚扰，当遇到这些事以及其他很多鸡毛蒜皮、无关紧要的琐事时，我们都会不安。

　　如果有人试图伤害我们，这是他们的问题，不是我们的。不要做出任何反应，径直走开，只管自己就好，一定不要参与。我之前认为就这样退却是软弱的表现；我负隅顽抗，试图揭露事实的真相。但是你知道吗？一切都只是徒劳。不想看到真相的人总是会为不间断的烦恼找借口。

　　当事情发展到你已经忍无可忍，决定自己面对时，你要意识到撤退其实也是一种力量的象征，一种精神上的胜利。放过那些企图伤害我们的人，就让他们去找下一个受害者继续玩他们的游戏吧。这确实很难，但却是可以做到的。当我们彻底崩溃、触底反弹时，就是我们真正觉悟的时候，就是我们看清什么才最重要的时候。

我们所遭受痛苦的多少取决于我们自己。比如说，假如我们对某人有好感，但是在几次约会后，那个人不再回我们的电话，这是对方的问题，跟我们没关系。我们会痛苦伤心，我们需要去抵抗这些情绪，但我们不应该允许事态恶化，因为我们的自我意识很快就会开始搜寻过去的记忆，寻找类似的创伤，如此会使得一小串的不幸变成一大块的折磨。好，其实就只是他们不回电话，我们不喜欢这种感觉而已。

要让自己意识到这一点，但我们一定要同样敏锐地去观察我们其他所有的想法。如果这些想法与具体发生的事情没有任何的共同点，就必须要忽略。

最后，我们必须接纳我们无法控制的事情。如果我们心仪的人没有回电，这并不意味着我们就不值得被爱、被关注。我们一定不能允许任何人击垮我们，我们没有任何理由这样做。我们应该和共同拥有的一切告别，珍惜所有美好的回忆。

通常我们认为，由于一些缘故，我们必须忍耐；一直以来我们都是这样被训练出来的。的确，忍耐通常只是一种习惯，一种范式，然而既然我们已经训练了自己的意识，这种范式也就变得无用。毁坏我们的善意，导致我们变得消极易怒、心情不好、绝望、嫉妒、生气、有攻击性和说谎的事情只是我们自我意识下的产物，而我们的自我意识对事情应该如何进行、生活应该是什么样子等这些问题有自己的思维定式。

生活有其自然的运作规律，我们必须接受这一事实。再次声明：我并不是在鼓励大家放弃自己的目标，余生闲散度日。但我确实想强调一点：一直因为我们无力改变的事情而辗转难眠是没有用的，我更建议在我们所认为的失败里去找到一些好的方面。

伴侣关系也是如此。也就是说，大部人都在寻找我们的自我意识所想象的理想伴侣。然而一个理想伴侣只不过是一种幻想，是我们对事情最终所应呈现的形式的一种认知。我并不是说在对方酗酒、有暴力倾向的情况下，你还是要努力维持这段关系，而是说……好吧，你知道我在说什么。

然而最重要的是，我们一定不能逃避任何事情。痛苦和折磨我们都要接受，但一定不能逆来顺受。我们要坚持到底，与我们的恐惧做斗争。最终我们会意识到，没有什么可怕的。

在经历焦虑和惊恐发作之后，我开始了自我探寻之旅，在这一过程中，我有了以上发现，甚至更多发现。

当然，我现在还是会害怕，但是我还是依旧不想逃避。我会直面自己的恐惧，去找到它背后所隐藏的真相。

我不再活在过去或者未来，我所拥有的就是现在，所以我没有什么可以害怕的，可能除了哪个疯子之外。

后　记

　　越来越多的人决定寻求专业的帮助来控制他们的焦虑，谈起与精神科医生、心理治疗师或全科医生的初次见面，他们会这样说："几个月前，我经历了第一次惊恐发作。我以为我就要死了，我的身体充满了无法控制的生理反应。从那之后，我一直生活在担心惊恐发作再次发生的恐惧中。我有一种人生止步不前，世界陷入混乱的感觉。我无法入睡，无法思考，无法集中精神，总是想着会旧病复发。"

　　一般而言，我们在日常生活中都会焦虑：当我们需要发表演讲时，或者当我们需要在上级面前陈述和捍卫我们的观点时。当我们想要赢得一份新工作或把坏消息告诉我们的同伴时……这种形式的焦虑通常是可以忍受的，所以个体能够承受，最重要的是，能够与之融洽相处。当压力消除时，内心的焦虑感也会随之消失。但是作者在这本书中讨论的焦虑超过了可以控制上述心理和——更重要的——身体反应的自我调节的能力，所以我认为她的个人经历对读者有帮助，有助于他们认识和评估自己的经历，或者在他们遇到类似的焦虑情况时提供借鉴。

作者通过自己和其他人的经历，对焦虑的多层次体验做了详尽的描述，焦虑的来源可能与单一或重复的事件有关，这些事件引起了最终最强烈的感觉——惊恐发作。这里，我想遴选出贯穿本书的两个方面，而且在我看来，它们也是研究将恐惧作为焦虑症根本性基础的重要因素。通常，焦虑首先发生在身体上，换句话说，随之而来的惊恐感通常是通过身体的感觉和反应来感知的，现当代科学和并行研究都倾向于把身体作为首先经历创伤性事件的地方。只有在信息从外部传递到内部环境之后，也就是当我们通过内感受力去感知和处理信息时，情绪反应——我们所说的焦虑——才会发生。

在整个治疗过程中，我们与患者一起认识、描述、组织（创伤性）经历，并赋予它意义，这些经历被植入到患者的身体中，而且通常一直冻结在体内或作为一种因素发挥作用，如果以某种恰当的方式被触发，则该因素就会激活细胞记忆，恢复一些过去的、已知的个人经历过的反应。当处理一些潜在的经历时，人体可能会筋疲力尽，以至于无法获得激发其内在能量来源所需的能力。

在我们致力于情感处理之前，必须使身体平静下来，可以自发做到或借助药物的帮助实现。创伤也会以扰乱激素和化学平衡的方式影响身体，这就是为什么药物治疗在恢复身心平衡方面是适当并且非常有效的。从这个角度看，大家的情况各不相同，所以我们每个人都必须找到适合自己的策略，以为受损状态下的重建提供最可行的帮助。

第二个方面——有时可能表现得十分隐晦，主要指造成创伤的人与遭受创伤的人之间的关系。关系是在整本书中建立并编织的东西，所有内容都融合于其中。创伤经历通常发生在"关系之后"，而"在此之后"，它也会在身体上留下印记——尽管创伤也会由不可抗力（地震等各种灾难）造成，但是我们也不能忽视这些经历——会成为滋长焦虑情绪的肥沃土壤。寻求理解和同情的需求很少会被表达出来，但却是一个人在关系当中所寻求的，因为恐惧本身就剥夺了我们痊愈的机会。然而，它并没有最终的决定权——如果创伤发生在"关系之后"，那么"关系之后"，救赎也会到来。

恐惧是焦虑症的驱动力，从了解我们内心的孩童的角度来看，作为治疗工作的一部分，恐惧可以成为我们的"小弟弟"，我们不必害怕它。相反，我们可以邀请它陪伴我们度过一生。它只是我们的一小部分，在我们情绪低落的时候，捍卫和保护我们。一旦我们承认了它，接受了它并开始关心它，就像关心我们现实生活中的孩子一样，焦虑就可以被消除。去处理它就意味着感知它、描述它，知道它与我们的过去有何种关联以及如何对特定的触发因素作出反应，这些触发因素会对我们自身引起什么反应以及我们这次该如何做出不同的反应，还意味着了解我刚刚所列出的一切与身体的感觉有什么样的联系。通过进入未处理的恐惧的核心，我们是在给自己机会去学习如何与我们的"小弟弟"恐惧共处，尽管这种恐惧产生的方式不再具有威胁性或充满被战胜、无助、毁灭甚至是处于致命的危险之中的感觉，而是一种不同的性质，但它还是可能会伴随我们的一生。恐惧可以成为我们的盟友和保护者。它可以告诉我们，何时我们夸大了某件事，在哪里感到不适，甚至哪种关系已经走到尽头了……

作为社会中的人，人们倾向于在另一个人身上寻求一个安全的、富有同情心的、善解人意的避难所。我们希望在焦虑的艰难时刻被接纳；感到安心、安宁，（至少）能够开始在他人的陪伴下休息。正如作者自己在本书的结尾所说的那样，我们与自己和他人之间关系的重要性可以成为某种新鲜的、被改造的事物的一个崭新的起点。正是有了这个结论，她的书中反复出现的主题最终成为一个完全的整体。我们从这种关系中产生，又总是不断地回到这种关系中。

人际关系和家庭心理治疗师

玛丽亚·阿夫贝谢克博士

写在出版前的话……

　　我刚刚还在看我自己的书，第一本书。在我写完并交稿八个月后。只是这一次，我手里的已经变成了一本真正的书，首次经过了设计和编辑，即将出版印刷。尔斯卡，我这本书的编辑——属于徜徉于这个世界之中更美妙的那种人——将这本书送来，让我再最后审读一遍。尔斯卡在一旁徘徊，她懂得如何徘徊。所有有修改的地方我都过了一遍，就像她要求的那样。从写完到此时此刻，这期间发生了很多事。

　　一是我复工了。谈不上有了一个职位，我不想要职位。我在给《亚娜》杂志供稿，同时也做助理编辑，当然，我爱这份工作，因为它可以让我自由地写作。我毕竟已经待业很长时间了，所以刚开始确实不太适应，而且说来也怪，要想"重整旗鼓"并非那么容易。是的，我又经历了新一轮的痛苦，而且有时，我觉得自己就要退回到倦怠的状态了，但我还是及时地又和自我重新连接上了；通过采用新的思考策略，对周围世界展现新的态度，我才得以站稳脚跟。太险了！但我还是做到了。用我的朋友安娜——一位神经科医生——的话来说，我所感觉到的是某种正面的兴奋感。

二是我的工作内容包括寻找激动人心的新选题、阅读、书、心理以及和有趣的人交流。就是这样。

三是我完全知道自己想做什么，至少在目前一段时间之内是如此。我希望能过创造性的人生，笔耕不辍。不会因为有截止日期而有任何的负担或压力，这就是现在的我。一位作者，一个写故事的人。

四是我已经完成了自己的处女译作。在我还处于康复期时，原书作者的一丝不苟和力臻完美始终困扰着我。他据理力争，告诉我如何战胜各种各样的挑战，这是我一直以来都在寻找的成功的途径。你知道的，就是很多时候你知道问题是什么，但却不太确定该如何去解决。就是在你即将越过终点时，却差那么一点点才算完满。也正是在今天，我才终于翻译完交给编辑，而必须要承认的是，我是有点担心她会提出什么不好的反馈意见的。我祈祷下次她再需要编辑时能想起我来！谢谢你，尔斯卡！

五是很多有焦虑症和惊恐症的人都因为《我是如何战胜焦虑的》这本书而在脸书上联系我。所以在这个社交平台推出这本书之后的前几周，我整天都在回复各种私信。有人告诉我，在完成对自我和生活方式的彻底转变后，他们能够完全摆脱焦虑了。好样的！我们酝酿着要举办研讨会，至今我还没付诸实践——不过我已经在做了！[19] 我有作为特邀发言人去过几场研讨会和大型健康活动。

六是对于在最后也是最艰难的时刻始终陪伴在我身边的，我的朋友安德烈，我感激不尽。时至今日，我们通电话的时候也总是会有新的话题可以聊，而且我感觉我们也经常会一起大笑。谢谢你，安德烈!

七是经历这么多之后，我获得了女儿的支持。虽然她表达支持的方式独特又有点不同寻常，但只有她会时常让我想起自己还有很多内在的挑战需要去迎接。谢谢你，朱莉亚。因为你，我也在不断地成长，我爱你。

我希望我们能再次见面。某个地方，某一天，只有我们。

祝好运!

19　在你读到这个译本的时候，这项计划已经实现了!

关于作者

　　达玛娜·巴卡里克是一位记者、编辑，也是一位撰稿人。她在生命里经历了很多次的艰难苦痛，被迫走上探索和自我抗争的道路。在这条路上，她开始认识到自己之前未曾意识到的内在财富。多年与焦虑抗争的经历使她得以发现真实的自我，发现自己原来可以如此强大，最重要的是，使她认清了一个事实：需要对自己的遭遇负责的只有她自己。她明白了该如何接纳自己，爱自己。在动笔之前，她做了深入的研究，也采访了很多有相似经历的人。这一点已经不证自明，但最重要的是，这是她治愈过程的终点和总结。假如这本书能够帮到谁，她说，那就足够了！